De mujer a mujer

De mujer a mujer

Conversaciones francas entre usted y yo

JOYCE MEYER

A STRANG COMPANY

La mayoría de los productos de Casa Creación están disponibles a un precio con descuento en cantidades de mayoreo para promociones de ventas, ofertas especiales, levantar fondos y atender necesidades educativas. Para más información, escriba a Casa Creación, 600 Rinehart Road, Lake Mary, Florida, 32746; o llame al teléfono (407) 333-7117 en los Estados Unidos.

De mujer a mujer por Joyce Meyer
Publicado por Casa Creación
Una compañía de Strang Communications
600 Rinehart Road
Lake Mary, Florida 32746
www.casacreacion.com

A menos que se exprese lo contrario, todas las citas de la Escritura están tomadas de la Santa Biblia, Nueva Versión Internacional ©1999 por la Sociedad Bíblica Internacional. Usada con permiso.

Otra versión usada es la Santa Biblia Reina Valera Revisión 1960 © Sociedades Bíblicas Unidas, 1960. Indicada como (RV60). Usada con permiso.

Las citas de la Escritura marcadas (DHH) corresponden a la Biblia Dios Habla Hoy, 2ª edición © Sociedades Bíblicas Unidas, 1983.

Las citas de la Escritura marcadas (LBLA) corresponden a La Biblia de las Américas, Edición de Texto, ©1997 por The Lockman Foundation. Usada con permiso.

Publicado originalmente en E.U.A. bajo el título:
Woman to Woman ©2006 por Joyce Meyer
Warner Faith
Hachette Book Group USA
1271 Avenue of the Americas
New York, NY 10020
Todos los derechos reservados.

Traducción y edición: María Fabbri Rojas
Diseño interior por: Hilda M. Robles

Library of Congress Control Number: 2008933834
ISBN: 978-1-59979-433-4

Impreso en los Estados Unidos de América
08 09 10 11 12 * 7 6 5 4 3 2 1

Contenido

Introducción

Como mujer ocupada en el mundo de ritmo acelerado y tanta presión de hoy, estoy segura que usted conoce la frustración que acarrean las exigencias de su tiempo. A veces, la vida parece estar en desorden y fuera de control, a pesar de hacer su mejor esfuerzo para priorizar adecuadamente sus actividades y administrar el tiempo. Los desafíos de la carrera profesional, las finanzas, el matrimonio, la crianza de los niños, así como otras demandas urgentes, limitan su privacidad y ocupan el tiempo de calidad que podría pasar con Dios.

Lo sé, porque me pasó. Puede parecer que tengo todo bajo control cada vez que subo a la plataforma a ministrar a otros, pero debió ver lo que yo era en los años en que Dios me estaba preparando para el ministerio. Vivía con frustración y presionada, y experimentaba todos esos mismos desafíos que usted puede estar viviendo ahora.

Entonces, Dios me reveló que me había creado para que llegara a ser una mujer única. Él me aseguró que el Espíritu Santo caminaba conmigo, transformándome en una mujer ungida y eficaz, equipada por Dios para marcar una diferencia en el reino de los cielos.

Si está luchando con los miles de desafíos que enfrentamos en el agitado mundo de hoy y siente que no está muy cerca de convertirse en la mujer de Dios que quisiera ser, no desespere. Dios aún no ha terminado con usted. Él quiere que se dé cuenta de que es una mujer única, y de que Él tiene un plan único para su vida.

Un buen método para descubrir este plan es comenzar cada día declarando: "Este es el día que hizo Jehová; nos gozaremos y alegraremos en él" (Salmos 118:24, RV60). Luego, pase un tiempo de intimidad con el Señor, concentrándose en Él y renovando su compromiso de buscar y seguir su voluntad.

Lo que yo he experimentado y disfrutado servirá para usted también. Creo que las reconfortantes historias que comparto en estas páginas le ayudarán a recordar que el Espíritu Santo está caminando a su lado cada día, ayudándola a lograr la voluntad de Dios para su vida.

Tenga siempre presente que usted es una mujer de Dios singular, única y valiosa, con una esfera de influencia única. Dios quiere librarla de las frustraciones y desafíos cotidianos de ser mujer y ayudarla a ser todo lo que pueda ser. Él quiere darle el poder para que use sus capacidades únicas para compartir el amor de Dios en su pequeño rincón del mundo.

1

Buscar el contentamiento en lugares equivocados

*L*as mujeres de Dios deben ser pacíficas y estar gozosas, agradecidas y contentas. En Filipenses 4:11, Pablo dijo que había "aprendido a contentarse". Bueno, no sé qué le ocurrirá a usted, pero yo pasé muchos años, incluso cuando ya era creyente, hasta que pude sentirme contenta, y creo que existen por allí muchas mujeres que luchan como yo lo hice, tratando de llegar a ese estado. Usted podría ser una de ellas.

Yo sabía cómo sentirme satisfecha cuando las cosas se hacían a mi manera si todo salía exactamente como yo lo planeaba, pero, ¿cuán a menudo ocurre eso? Muy pocas veces, en mi experiencia. Yo no sabía absolutamente nada sobre cómo manejar siquiera los retos cotidianos por los que atraviesa cualquier mujer a lo largo de su vida. No sabía cómo adaptarme a otras personas o situaciones.

Me di cuenta de que una mujer que sólo puede sentirse satisfecha cuando no hay problemas, estará muy descontenta la mayor parte del tiempo. Al final, deseaba tanto lograr algo de estabilidad que me dispuse a aprender todo lo que fuera necesario para lograrla. Yo quería estar *satisfecha,* sin importar qué estuviera pasando a mi alrededor.

The Amplified Bible (La Biblia amplificada) define la palabra *contento* como "(satisfecho al punto de no estar inquieto o intranquilo) cualquiera sea el estado en que me encuentre" (v. 11). Valoro esta definición porque no dice que debo sentirme satisfecha al punto de no querer cambiar jamás, sino que puedo estar satisfecha en el sentido de no sentirme ansiosa ni molesta. Yo siempre había anhelado esa clase de paz, y ahora la disfruto. ¿Usted no?

Voy a compartirle cuatro cosas que creo que conducen a sentimientos de descontento, especialmente entre las mujeres. El problema número uno es la *codicia*. ¿Ha conocido alguna vez a alguien que no podía estar contenta sin importar cuánto tuviera? Yo misma fui así alguna vez. Por supuesto, no me daba cuenta en aquel momento de que era codiciosa. Sólo anhelaba poseer cada vez más de lo que tenía.

Hebreos 13:5 dice: "Manténganse libres del amor al dinero, y conténtense con lo que tienen, porque Dios ha dicho: 'Nunca te dejaré; jamás te abandonaré'". ¡Guau! ¡Esto sí que es poderoso!

Esta escritura nos hace entender que sí podemos y debemos estar satisfechos donde sea que estemos, mientras nos acercamos a nuestro objetivo. Los métodos de Dios son progresivos. Él tiene un plan maravilloso que se revela progresivamente. No tenemos que esperar hasta obtener el resultado final para recién comenzar a disfrutar el lugar donde nos encontramos y recién entonces poder estar satisfechos. Podemos encontrar satisfacción en Él mientras estamos en camino hacia el desarrollo y el cumplimiento de nuestros sueños y anhelos.

También creo que el *miedo* hace que muchas de nosotras nos sintamos infelices y descontentas. Tenemos miedo de no lograr lo que deseamos. En cierta ocasión, tuve el equivocado concepto de que tenía que orar para que esos sentimientos de temor se fueran y que Dios me liberara de ellos, hasta que ya hubiesen desaparecido. He aprendido desde entonces que no debo rendirme a esos miedos. Puedo eficazmente hacer todas aquellas cosas que Dios quiere que haga, y esperar en su tiempo perfecto, hasta que Él me dé las cosas que sabe que son mejores para mí. Si no hubiera aprendido aquella lección, no podría estar enseñándola ni predicando sobre ella ahora.

> *Podemos encontrar satisfacción en Él mientras estamos en camino hacia el desarrollo y el cumplimiento de nuestros sueños y anhelos.* ∞

Una vez aprendemos a confiar en Dios y nos movemos, aún a pesar del miedo, Dios nos proveerá el coraje y la intrepidez que necesitemos para superar ese temor. Simplemente, recuerde que en Cristo no hay fracaso. Si usted comete un error, Dios la levantará, le enseñará una lección de ese suceso y la impulsará a seguir adelante. No habrá fallado mientras no deje de intentarlo.

La *falta de confianza en Dios* es otra de las causas del descontento. La simple confianza en Dios nos lleva a un lugar de descanso. Romanos 15:13 dice: "Que el Dios de la esperanza los llene de toda alegría y paz a ustedes que creen en él, para que rebosen de esperanza por el poder del Espíritu Santo". El gozo y la paz se encuentran al creer. Es simple, la fe inocente nos trae el reino, que consiste en la justicia, la paz y el gozo.

Buscar el contentamiento en todos los lugares equivocados es mi cuarta razón para el descontento. Por años, busqué contentamiento y satisfacción en las cosas materiales. El resultado es que jamás lo encontré. Jamás estaba satisfecha. Mi esposo, Dave, me dijo una vez que se había dado cuenta de que no importaba qué hiciera él, nunca podía lograr satisfacerme, así que dejaría de intentarlo con tanto empeño.

El profeta Jeremías se refiere a buscar la satisfacción en los sitios equivocados como cavar cisternas rotas que no retienen el agua (vea Jeremías 2:13). La respuesta a mi constante frustración llegó cuando recibí la revelación de que mi satisfacción debía estar en Cristo Jesús. Llegué a entender qué privilegio tan grande era vivir bajo su guía, confiando en que Él jamás me fallará ni me abandonará.

Cuando Pablo dijo que había aprendido a estar contento, él decía que aunque no le gustara particularmente la situación en la que se encontraba, confiaría en Dios. Por consiguiente, su confianza lo mantenía en completa paz. Cuando nuestra mente se apoya en el Señor, estamos contentos y en paz.

Confiar en Dios y negarse a caer en la queja durante los momentos difíciles lo honra grandemente a Él. No tiene valor alguno hablar de cuánto confiamos en Dios cuando todo anda bien. Pero cuando llega la prueba es cuando debemos decir con toda sinceridad que "confiamos en Dios". Él se deleita en un hijo contento. Cuando dejamos de luchar con todo y nos humillamos bajo la mano poderosa de Dios, Él nos promete exaltarnos.

Dios espera bendecirla, pero usted debe cerrar las puertas destructivas del descontento por medio de la gratitud y la acción de gracias. Él siempre sabe lo que hace. No espere a que todo esté perfectamente bien para recién decidir disfrutar su vida cotidiana.

2

¿Ha estado luchando consigo misma?

Estos son tiempos de desafío para todos, pero en particular para las mujeres cristianas. Nos debatimos con la idea de trabajar o no fuera de la casa, porque tenemos la constante necesidad de aumentar los ingresos. Nos preocupan los peligros siempre latentes que enfrentan nuestros hijos tan sólo con ir a la escuela, cualquiera sea su edad, desde el jardín de infantes hasta la escuela secundaria. Esos peligros no eran importantes cuando nosotras estábamos creciendo.

Nos sentimos culpables cuando no somos capaces de aceptar una posición de liderazgo en la iglesia por falta de tiempo, asuntos familiares o simplemente por sentirnos incapaces. Enfrentémoslo, en ocasiones, lo único que queremos es darnos por vencidas.

El crecimiento espiritual no es sencillo, pero es hora de que lo intentemos o nos demos por vencidas. Me viene a la memoria Gálatas 6:9, que dice: "No nos cansemos de hacer el bien, porque a su debido tiempo cosecharemos si no nos damos por vencidos".

Ésta es una palabra de aliento para usted y para mí hoy. Tal vez usted haya estado luchando consigo misma. Quiere cambiar. Desea parecerse más a Jesús. Pero aún así siente que no progresa en lo más mínimo en su andar cristiano. Quiero que se dé cuenta de que usted efectivamente *está progresando*. Poco a poco, de gloria en gloria, día tras día, está cambiando.

Yo he vivido con mi esposo por muchos, muchos años. Yo creía que él aún se veía igual que cuando nos casamos... hasta que miré las fotos de nuestra boda. Entonces me di cuenta de que había cambiado.

Pequeños cambios que fueron ocurriendo día a día, pero dado que estoy con Dave todo el tiempo, no los había notado. Lo mismo sucede con cada una de nosotras. Estamos con nosotras mismas todo el tiempo, y no nos damos cuenta de cuánto vamos cambiando.

Tómese un minuto para pensar dónde se encontraba cuando recién aceptó a Jesús en su corazón. Se dará cuenta de que ha cambiado más de lo que se imaginaba. Todos debemos ser concientes de que estamos atravesando un camino y vamos progresando. Sólo que las mentiras de Satanás pueden frustrarnos con sentimientos de fracaso. Él busca recordarnos continuamente cuánto nos falta. Sin duda que jamás va a reconfortarnos al señalarnos el camino que ya hemos recorrido. Pero permita que el Espíritu Santo sí la aliente.

La forma en que usted puede escuchar al Espíritu Santo es siguiendo su corazón, no su mente ni sus sentimientos. Las mujeres a menudo somos impulsadas por los sentimientos, pero no podemos confiar en ellos. Debemos aprender a vivir por encima de los sentimientos: cavar profundamente en aquellos lugares en que mora el Espíritu de Dios. El diablo puede decir a nuestra mente: "Eres un fracaso. Jamás cambiarás". Pero si se mantiene en silencio y le pregunta a Dios que dice Él de usted, oirá algo como esto: "Eres mi hija, y te amo. Te transformaré y obraré en tu vida. No escuches las mentiras del enemigo. Mantén tus ojos puestos en mí, porque yo te sostendré para que permanezcas firme".

Procure meditar en esas palabras cuando el enemigo quiera atacarla con sentimientos de duda e intente que usted se rinda y se aparte de Dios. Empezará a notar una gran diferencia. *¿Por qué habría de creerle a un mentiroso?* Satanás es el padre de la mentira, y la verdad no está en él (vea Juan 8:44). Debemos derribar toda idea que no esté de acuerdo con la Palabra de Dios (vea Segunda de Corintios 10:5).

> *Debemos aprender a vivir más allá de los sentimientos: cavar en lugares más profundos, donde mora el Espíritu de Dios.* ∞

Sea paciente consigo misma. Persevere y crea que en verdad está cambiando día tras día debido a que es el Espíritu de Dios quien está obrando en su vida. Sea una buena estudiante de la Palabra de Dios. Es la verdad la que la hará libre. No se compare con otras mujeres. Aún esas mujeres que parece que jamás hubieran cometido un error en toda su vida se han equivocado. Todas tenemos fortalezas y debilidades.

Permita que el Espíritu de Dios la corrija y no se sienta rechazada cuando Él lo haga. Dios Padre nos corrige porque nos ama, porque desea que seamos todo aquello que podemos llegar a ser. Él quiere que seamos transformadas a su imagen. ¡No se dé por vencida! Usted está creciendo. Está madurando en Cristo. En el camino, habrá algunos dolores a causa del crecimiento, pero cada una de esas penas que sienta será prueba de que está un poquito más cerca de la línea de llegada.

Pablo dijo en Hechos 20:24: "Pero de ninguna cosa hago caso, ni estimo preciosa mi vida para mí mismo, con tal que acabe mi carrera con gozo" (RV60). Esté dispuesta a morir a sí misma. Deje que Cristo sea su verdadera vida. Crezca en Él, quien es su Cabeza, ¡y se convertirá entonces en una mujer que conozca la alegría del gozo inefable y glorioso!

3

¡Ore por todo
y no se preocupe por nada!

La Biblia tiene mucho que decir sobre cómo poder manejar la preocupación, la ansiedad, el cuidar a otros y las inquietudes. Primera de Pedro 5:7 siempre viene a mi mente en primer lugar, porque mi esposo es un campeón protegiendo a todos a su alrededor. Dice: "Dejen *todas* sus preocupaciones a Dios, porque él se interesa por ustedes" (DHH). Éstas son buenas noticias, noticias que Dave obtuvo en lo íntimo de su ser mucho antes de que yo lo hiciera.

Yo me preocupaba, pero aprendí que la preocupación, la ansiedad y el cuidado no tienen, literalmente, ningún efecto positivo sobre nuestra vida. Jamás ofrecen soluciones a los problemas, y limitan nuestro crecimiento en la Palabra de Dios. Mire conmigo Marcos 4:19: "Pero las preocupaciones de esta vida, el engaño de las riquezas y muchos otros malos deseos entran hasta ahogar la palabra, de modo que ésta no llega a dar fruto".

Creo que una de las principales formas en que Satanás intenta robar la Palabra del corazón de una mujer cristiana comprometida es a través de las preocupaciones. Como mujeres, necesitamos que nuestro corazón esté libre para poder meditar en la Palabra de Dios. Nuestras familias necesitan que seamos mujeres de la Palabra, de manera que

> *Cuando nuestra mente está permanentemente concentrada en nosotras mismas, nuestros problemas y necesidades personales, perdemos eficacia y poder.* ∞

podamos recibir revelación sobre cómo debemos vivir, tanto individualmente y como familia.

Nuestros empleadores necesitan que seamos mujeres de la Palabra para que puedan confiar y depender de la sabiduría y el entendimiento que nos es dado por Dios. Nuestras iglesias necesitan que seamos mujeres de la Palabra que podamos colaborar en suplir las necesidades de otros allí y en nuestra comunidad.

Esto sólo sucede cuando las verdades de Dios están arraigadas en nuestro corazón. Cuando nuestra mente está permanentemente concentrada en nosotras mismas, nuestros problemas y necesidades personales, perdemos eficacia y poder. Filipenses 4:6 nos recuerda que no: "No se inquieten por nada; más bien, en toda ocasión, con oración y ruego, presenten sus peticiones a Dios y denle gracias". Esta instrucción es clara: no se preocupe por usted misma.

¡Necesitamos orar por todo y no preocuparnos por nada! Necesitamos al Señor. Cuando nos preocupamos, demostramos que consideramos que podríamos ser capaces de resolver los problemas por nuestra propia cuenta. No fuimos hechas para tener problemas. Fuimos hechas por Dios para depender de Él, para entregarle a Él los retos de nuestra vida y permitirle que nos ayude con ellos.

¿Puede imaginar su vida sin ninguna preocupación? ¿Por qué no comenzar a vivir una vida sin preocupaciones? Pídale al Señor que le muestre cada vez que usted comienza a preocuparse en lugar de entregarle esa situación. Cuando Él la haga consciente de ello, esté dispuesta a entregarle todo inmediatamente. Disfrutará mucho más y conquistará nuevos desafíos más rápidamente. Luego de un tiempo, le costará más trabajo preocuparse. Le parecerá algo que ya no es para usted.

Dios no ha diseñado a las mujeres para que se preocupen, se inquieten ni estén ansiosas, de manera que entréguele todos esos problemas en lugar de llevarlos a cuestas. El diablo seguirá ofreciéndole que cargue con esas cosas, pero usted no tiene por qué aceptarlas. Recuerde que Jesús quiere que usted deje su carga sobre Él porque se preocupa por usted.

> *Dios no ha diseñado a las mujeres para que se preocupen, se inquieten ni estén ansiosas.* ∞

Nadie —absolutamente nadie— se preocupó jamás por usted tanto como lo hace Jesús. ¿Por qué no comienza a disfrutarlo y se deja cuidar por el Príncipe de Paz, el Autor y Consumador de su fe, el que hace todas las cosas bien? Se volverá a enamorar de Jesús y la paz se instalará en su vida en forma permanente.

4

Usted es una obra en construcción

Durante los años que he pasado ministrando a otros, he descubierto que muchas mujeres no se aman realmente a sí mismas, lo cual constituye un problema mucho más grave de lo que uno podría creer. La forma en que nos sentimos con respecto a nosotras mismas, es un factor decisivo en nuestro éxito en la vida y las relaciones.

Así que, ¿cómo se siente consigo misma?

Nuestra autoimagen es el retrato interno que llevamos de nosotras mismas. Si lo que vemos no es sano ni correcto de acuerdo con la Biblia, sufriremos miedo, inseguridad y varias clases de conceptos erróneos sobre nosotras mismas.

Las mujeres que son inseguras sufren mental y emocionalmente, y también en su vida social y espiritual. Sé que es así porque he hablado con miles de mujeres, y porque yo misma lo he sufrido.

Sin embargo, el plan de Dios nunca fue que nos sintiésemos mal con nosotras mismas. Nadie nos conoce tan bien como Dios. Y aún así, aún cuando nos conoce—y sabe todo de nosotras, incluyendo nuestros defectos— Él igual nos aprueba y nos acepta. "Antes de formarte en el vientre, ya te había elegido; antes de que nacieras, ya te había apartado; te había nombrado profeta para las naciones" (Jeremías 1:5). Él no aprueba nuestro mal comportamiento, pero está comprometido con nosotras como individuos.

Nadie es perfecto, y debe entender esto cuando medita en cómo se ve a usted misma. ¿Puede, honestamente, evaluarse a sí misma y su comportamiento sin condenarse? ¿Puede ver cuán lejos ha llegado y cuánto camino aún le resta por recorrer? En 2 Corintios 3:18, Pablo declara que Dios nos transforma "de gloria en gloria". Si usted es una mujer nacida de nuevo, entonces está en el camino de la justicia. Puede ser que no haya avanzado tanto como quisiera, pero gracias a Dios está en ese camino. Recuerde que hubo un tiempo en el que usted estaba sin Cristo, totalmente ajena al pacto en su relación con Dios (vea Efesios 2: 11-12). Pero ahora pertenece a la familia de Dios, y está siendo transformada por Él día a día. Disfrute de la gloria de la que goza hoy, y no se preocupe si los demás han avanzado más que usted. Ellos han tenido que pasar por el mismo lugar por el que usted camina hoy.

Dios quiere que se dé cuenta de que es una mujer única, y de que Él tiene un plan único para su vida. Él quiere que reconozca que es una obra en construcción y que debe aprender a disfrutar donde se encuentra, en lugar de compararse con los demás.

Cuando no disfrutamos la gloria en la que nos encontramos en cada preciso momento, el proceso de maduración es más lento. No creo que podamos pasar al siguiente nivel de gloria hasta que hayamos aprendido a disfrutar el que estamos atravesando. En este sentido, la "gloria" es simplemente un lugar que es mejor que el anterior.

Yo tenía tantos defectos en mi personalidad y mi carácter, que incluso después de cinco años de tratar de caminar con el Señor, seguía sintiendo que no había progresado prácticamente nada. Aún así, Él estaba todo el tiempo transformándome de gloria en gloria.

Como mujeres, generalmente somos demasiado duras con nosotras mismas, pero creceríamos más rápidamente si nos relajáramos más y aprendiésemos a vivir por lo que dice la Palabra de Dios y no por lo que digan nuestros sentimientos. Su Palabra declara que mientras creamos, Él estará obrando en nosotros.

Primera de Tesalonicenses 2:13 dice: "Así que no dejamos de dar gracias a Dios, porque al oír ustedes

> *Cuando no disfrutamos la gloria en la que nos encontramos en cada preciso momento, el proceso de maduración es más lento.* ☙

la palabra de Dios que les predicamos... la cual actúa en ustedes los creyentes". Esto significa que somos una obra en construcción.

La aliento a decir cada día: "Dios está obrando en mí en este momento: ¡Me está cambiando!". Debemos hablar lo que la Palabra dice, no lo que a nosotras nos parece. Las mujeres hablamos demasiado de cómo nos sentimos, y cuando hacemos eso, es difícil que la Palabra de Dios obre con eficacia.

También debemos tener cuidado de no desarrollar una actitud en la creamos que si no actuamos de manera perfecta, seremos rechazadas. El mundo se maneja a menudo según ese principio, pero Dios no, y nosotros tampoco debemos hacerlo.

Nos acostumbramos tanto a que en el mundo la gente se preocupe excesivamente por el éxito en lo que estemos haciendo, que llevamos ese concepto incorrecto a nuestra relación con Dios. Pensamos erróneamente en la posibilidad de que Dios pueda pensar de nosotras lo mismo que piensan las mujeres del mundo, pero Él no piensa así. Este miedo a ser rechazadas (o a no ser aceptadas) es el mayor obstáculo para que obtengamos éxito en la vida, en nuestro andar espiritual con el Señor.

Mientras seguimos adelante para lograr ser todo lo que podamos llegar a ser en Cristo, cometeremos errores: todo el mundo los comete. Pero nos quita la presión de encima el darnos cuenta que Dios sólo espera que hagamos lo mejor que nos sea posible. Él no espera que seamos perfectas, sin falla alguna. Si fuésemos tan perfectas como tratamos de ser, no necesitaríamos un Salvador. Creo que Dios siempre va a dejar algunos defectos en nosotros, como para que reconozcamos cuánto necesitamos a Jesús cada día. Pero cuando aprendemos a ver cuánto camino hemos recorrido, sabremos que Dios aún sigue trabajando en nosotras y que somos una obra en construcción.

Así que si siente que no ha llegado tan lejos como hubiese querido en cuanto a transformarse en una mujer de Dios, no se desaliente. Dios todavía no ha terminado con usted: aún le quedan muchos niveles de gloria, ¡y la aliento a disfrutar de cada uno de ellos!

5

¿Rendida, desesperada y frustrada? ¡Haga algo al respecto!

Como mujer ocupada que es, estoy segura que conoce la frustración que trae la demanda sobre su tiempo. A veces, parece que la vida se desorganizara y se saliera de control, aunque hagamos los mejores esfuerzos por poner las prioridades correctas en nuestras actividades y administrar nuestro tiempo.

Me doy cuenta de que, en ocasiones, no me gusta cómo va mi día, ¡pero he aprendido que soy la única que puede cambiarlo! Murmuramos y nos quejamos demasiado, pero no cambiamos nada. A veces, oramos y le pedimos a Dios que nos quite la frustración, pero no hacemos nada por remover la raíz que causa el problema.

Como mujeres responsables, se supone que sepamos cómo manejar nuestra vida, pero parecería que permitimos demasiado a menudo que nuestra vida nos maneje a nosotras. Si siente que su vida la está manejando a usted, tal vez sea ya tiempo de que haga un inventario de qué es lo que está haciendo con su tiempo, su dinero y sus talentos. ¿Tiene una vida equilibrada, pasa suficiente tiempo con Dios, con su familia, y tiene el suficiente tiempo a solas consigo misma? Si no le satisfacen los resultados, la aliento a que le pida a Dios que la ayude a hacer los cambios necesarios que la ayudarán a ordenar su vida.

El Señor está listo y deseoso de instruirnos y dirigirnos en el buen camino que producirá mucho fruto en el reino de Dios, pero nosotras debemos estar dispuestas a seguirlo. Con frecuencia, las mujeres viven una vida tan estructurada, que nunca logran nada. Qué tragedia, cuando hay un potencial tan grande a disposición.

Me parece que mantenerse concentrada en algo es todo un desafío en la sociedad de hoy. Tantas demandas urgentes gritan a las mujeres cada día. ¿Por qué tienen tantos problemas de estrés las mujeres? ¿Podrá ser porque tratan de hacer demasiado...y se frustran porque pasan demasiado tiempo haciendo cosas que no las satisfacen? Existe demasiada confusión en nuestras vidas, pero la Biblia nos dice claramente que Dios no es el creador de la confusión (vea 1 Corintios 14:33).

El espíritu de "apuro" que prevalece tanto hoy empeora esa presión. Y es triste decir que muchas mujeres confiesan que se sienten tan extremadamente ocupadas que sus días pasan como la bruma. Pero sienten que han logrado hacer muy poco. Creo que un sorprendente número de mujeres deben sentir que sus vidas están fuera de control —tal vez incluso a punto de estrellarse— pero no saben qué hacer para resolverlo.

Piense en la vida de Jesús, que es nuestro mejor ejemplo. Él era un arduo trabajador, y estaba ocupado, pero aún así siempre tenía tiempo para las personas. Nunca parecía estar apurado, y era el retrato de la perfecta paz. Jesús conocía el secreto que muchas de nosotras desconocemos. Él sabía cómo decir que sí a Dios Padre y no a la gente, si sus pedidos estaban en conflicto. Él sabía cuál era su misión, y usó su tiempo y sus capacidades para lograr el propósito que Dios le había dado. Se dejó llevar por el Espíritu y fue obediente.

La mayoría de las mujeres admite que no pasa tanto tiempo con Dios como debería, y la excusa casi siempre es que "estoy demasiado ocupada". Pasamos nuestro tiempo haciendo cosas "urgentes" pero ignoramos las que son "importantes". Debemos recordar que no podemos hacer nosotras mismas, solas, todo lo que tiene que ser hecho. No podemos satisfacer todas las necesidades. Sólo podemos hacer nuestra parte satisfactoriamente. La aliento a que se asegure de tomarse el tiempo para hacer lo que es realmente importante

No caiga en la trampa de sentirse obligada.

para Dios, no lo que sea importante para todos los que usted conoce. Siempre debemos estar abiertas a cambiar nuestros planes para poder satisfacer una necesidad, si el Espíritu Santo nos conduce hacia ella. Pero no caiga en la trampa de sentirse obligada. La tiranía de los "deberías" y los "tienes que" apartan a muchos creyentes de la perfecta voluntad de Dios para sus vidas.

Es tiempo de que se deshaga de las cosas que para Dios no son una prioridad en su vida. Aún si usted odia hacer cambios radicales, haga lo que sea necesario para alinearse con la perfecta voluntad de Dios.

Recuerde: si usted está rendida, desesperada y frustrada porque su vida está fuera de control, es momento de hacer algunos cambios, "para que disciernan lo que es mejor, y sean puros e irreprochables para el día de Cristo" (Filipenses 1:10), y descubrirá que su vida cobra nuevo orden y sentido.

6

¿Siempre se preocupa por usted misma?

Como mujeres ocupadas que a veces asumimos responsabilidades abrumadoras, es fácil que releguemos nuestras propias necesidades. Hoy en día éste es un problema común, pero no es la voluntad de Dios para nosotras. El verdadero problema es que después de un tiempo, nos cansamos y nos agotamos, y es entonces cuando el diablo comienza a plantar pensamientos tales como: "Bueno, ¿y yo? ¿A nadie le importan mis necesidades?". Y a menos que usted sepa como lograr el equilibrio entre las dos necesidades, rápidamente puede caer en la trampa de pensar "pobre de mí" todo el tiempo. Y ése no es un buen lugar para estar.

Preocuparse por usted misma todo el tiempo puede hacer que sea vida sea miserable. Jesús dijo en Marcos 8:34: "Si alguien quiere ser mi discípulo... que se niegue a sí mismo, lleve su cruz y me siga".

Puedo contarle por experiencia que no es fácil hacer eso. Encuentro que es un desafío no preocuparme por mí misma, pero cuanto más obedezco los mandatos del Señor en esta área, más feliz me vuelvo. Creo que como mujeres, generalmente tomamos el hábito de tratar de cuidar de nosotras mismas y asegurarnos de que estemos bien provistas para eso, lo cual está bien, siempre y cuando no dejemos a Dios fuera del proceso.

El verdadero gozo sólo surge al dar su vida, no al luchar por mantenerla. ∞

Primera de Pedro 4:19 dice que aun aquellos que son maltratados "encomienden sus almas al fiel Creador, y hagan el bien" (RV60).

Imagínese que usted misma pasa por la ventanilla de autoservicio de un banco, y hace un depósito de dinero. Del mismo modo, deberíamos, por fe, depositarnos nosotras mismas al cuidado de Dios.

Obviamente, no podemos vivir sin pensar algo en nosotras y en hacer planes, pero cuando nos movemos hacia una forma de pensar egoísta y egocéntrica, estamos desequilibradas y fuera de la voluntad de Dios.

Nuestra sociedad promueve el "yoísmo", pero la Palabra de Dios no. En 2 Timoteo 3:1-4, se nos instruye: "Ahora bien, ten en cuenta que en los últimos días vendrán tiempos difíciles. La gente estará llena de egoísmo y avaricia; serán jactanciosos, arrogantes, blasfemos, desobedientes a los padres, ingratos, impíos, insensibles, implacables, calumniadores, libertinos, despiadados, enemigos de todo lo bueno, traicioneros, impetuosos, vanidosos y más amigos del placer que de Dios".

Es fácil darse cuenta de que estamos viviendo en esos tiempos hoy en día, codeándonos todos los días con personas que exhiben estas características. Pero Dios prohíbe que nosotras como mujeres cristianas caigamos en una conducta tan engañosa. Como hijas de Dios, es imperativo que resistamos la atracción magnética de estas formas mundanas y rehusemos el exceso de pensamientos acerca de nosotras mismas.

Debemos ser liberadas de ser el centro de nuestras vidas, y cuando permitamos que el Espíritu Santo nos ayude, Él lo hará transformándonos a la imagen de Jesucristo. Jesús dio su propia vida por los demás, de modo que lo menos que podemos hacer es darnos para el beneficio de los demás. De hecho, el verdadero gozo surge de dar nuestra vida, no de luchar por mantenerla. Romanos 15:2 dice: "Cada uno debe agradar al prójimo para su bien, con el fin de edificarlo". Cuando usted dé de sí para los demás, en vez de sólo pensar en usted misma, Dios la recompensará y le asegurará que sea una mujer sumamente bendecida.

7

¡Por favor, no me hagan esperar!

¡Esperar! Es gran parte de nuestra vida diaria, y muchas de nosotras en particular no lo disfrutamos...o no tenemos el tiempo para ello. De manera especial, las mujeres muy ocupadas que por lo general tienen más cosas para hacer en un día de las que probablemente puedan realizar.

Pero puedo decirle por experiencia que nuestra actitud con respecto a la espera puede constituir una enorme diferencia. Como los israelitas que pasaron cuarenta años haciendo un viaje de once días, yo también estaba atascada en mi propio desierto de hoy en día. Y mis actitudes me mantuvieron muchísimo tiempo en ese desierto.

Jesús murió para que pudiéramos vivir en la Tierra Prometida, esa tierra de abundancia en cada área de nuestra vida. Él quiere que tengamos y disfrutemos de la "justicia, paz y gozo en el Espíritu Santo" (Romanos 14:17, RV60). Tercera de Juan 2 dice: "Querido hermano, oro para que te vaya bien en todos tus asuntos y goces de buena salud, así como prosperas espiritualmente". Esta escritura deja bien en claro que Dios desea que seamos bendecidos y vivamos en la tierra de las cosas buenas.

Tener una buena actitud en una situación difícil constituye al menos el 90 por ciento de la batalla. ༼

Yo vivía en la cautividad de mi mundo egipcio personal, pero Dios me envió un libertador. Por medio del poder y el liderazgo del Espíritu Santo, Jesús me sacó y me hizo iniciar un viaje a través del desierto hacia la Tierra Prometida. Pero como los israelitas y otros muchos que están atrapados en el desierto, seguía dando vueltas y vueltas alrededor de las mismas montañas.

Los israelitas pensaban que su falta de progreso se debía a que tenían muchos enemigos, y yo pensaba lo mismo. Estaba segura de que si hubiera disfrutado de un mejor comienzo en la vida —si no hubiera sido abusada y maltratada— las cosas serían diferentes,

Estaba segura de que si hubiera tenido más dinero, me hubiera sentido mejor físicamente, o hubiera obtenido más logros, estaría progresando más rápidamente. Siempre había alguna "razón" por la que no progresaba, pero nunca era "yo".

Los israelitas vagaron por el desierto durante cuarenta años murmurando, gruñendo, quejándose, y culpando a Moisés y a Dios por sus problemas. Generalmente sentían lástima de sí mismos. Pensaban que su falta de progreso se debía a sus enemigos, pero, en realidad, se debía a sus actitudes.

Tener una buena actitud en una situación difícil constituye al menos el 90 por ciento de la batalla. Podemos vencer cualquier cosa siempre y cuando tengamos una actitud bondadosa. Siempre habrá pruebas en la vida, pero cuando confiamos en Dios y seguimos haciendo lo que Él nos muestra que hagamos, siempre saldremos victoriosos.

Tenía muchas actitudes equivocadas que contribuían a impedir mi progreso, pero el mayor obstáculo para mí era una actitud impaciente que me hacía querer gritar: *Por favor no me hagan esperar por nada. ¡Merezco todo inmediatamente!*

Tuve un trayecto largo e interesante antes de que aprendiera que el esperar es parte de nuestro caminar con Dios. Esperaremos —eso se sabe— pero es el cómo esperamos lo que determina cuán difícil y larga será la espera. Cuando usted llega para una cita con su médico o su dentista, tiene que esperar su turno. Lo primero que la recepcionista le dice es: "Por favor, tome asiento mientras espera". Estar sentado indica que una persona está descansando, y eso es exactamente

> *Mientras esperamos que Dios nos libere de nuestros enemigos, deberíamos descansar en Él.*

lo que deberíamos hacer, tanto en el consultorio del médico como en las experiencias del desierto de nuestra vida. Mientras esperamos que Dios nos libere de nuestros enemigos, deberíamos descansar en Él.

Hebreos 4:3 enseña que los que creyeron entraron en el reposo de Dios. Las obras de la carne nos hacen miserables y nos agotan, pero quienes entran al reposo de Dios son capaces de disfrutar el viaje. ¡Usted también puede aprender a disfrutar de la espera!

Otra actitud desértica que me impedía hacer progresos era "Lo haré a mi manera o no haré nada". Esta actitud terca es una con la que muchas personas tienen que tratar. Si no se le da un golpe mortal, vivir en la tierra prometida se transforma en una sombra y nunca en una realidad, algo que vemos lejos en el futuro pero que nunca experimentamos.

Pero no tiene que ser así. Cuando somos serias en hacer algunos cambios y le permitimos al Espíritu Santo que nos ayude, podemos tomar un atajo en el desierto ¡en vez de dar la vuelta por el camino largo!

No tenga temor del reflector de Dios: ésa es la manera en que nos muestra nuestras fallas a fin de poder trabajar juntos para quitarlas. Es un proceso incómodo, pero la incomodidad es temporaria. No afrontar la verdad puede dejarnos con una incomodidad permanente. Así que ore por la verdad, coopere con Dios en el ajuste de actitudes, y luego descanse sabiendo que Él la ama muchísimo. Cuando Él haya completado su obra en su vida, será una verdadera mujer de fe que puede salir del desierto hacia la vida abundante que Él ha planeado para usted desde el primer momento.

8

¡Contéstele al diablo!

Es un hecho que el diablo está vivo hoy en día, y que siempre está buscando asaltar a alguien. Primera de Pedro 5:8 nos dice "Practiquen el dominio propio y manténganse alerta. Su enemigo el diablo ronda como león rugiente, buscando a quién devorar".

Como mujeres sabias, debemos estar constantemente en guardia contra sus ataques. Para saber cómo defendernos del diablo y sus planes malvados, es importante conocer y comprender sus características.

Notará que Pedro no dice que el diablo es un león. Dice que es como un león. Simplemente es un farsante y un impostor. Y también es un mentiroso. Juan 8:44 nos dice que no hay verdad en él. Al diablo no le gustan los cristianos, y usa sus mentiras engañosas para tratar de hacernos descarriar. Y lamentablemente, a veces lo logra. Cuando las personas son engañadas por medio de sus mentiras y fraudes, les resulta difícil obtener la libertad porque no se dan cuenta de que han sido engañadas. Pero hay una salida hacia la libertad.

Jesús murió para que pudiéramos ser libres, y la libertad viene del conocer la verdad. Él dijo: "Si vosotros permaneciereis en mi palabra, seréis verdaderamente mis discípulos; y conoceréis la verdad, y la verdad os hará libres" (Juan 8:31, RV60). Es fácil ver que Dios opera por medio de la verdad y la luz y Satanás obra por medio de la oscuridad y el engaño. Una de las mejores maneras de defendernos del diablo es conocer la Palabra de Dios y hablarla en voz alta contra las mentiras que él envía para bombardear nuestra mente.

Segunda de Corintios 10:4, 5 nos enseña que "las armas con que luchamos no son del mundo, sino que tienen el poder divino para derribar fortalezas. Destruimos argumentos y toda altivez que se levanta contra el conocimiento de Dios, y llevamos cautivo todo pensamiento para que se someta a Cristo".

El diablo a menudo nos ataca trayendo a nuestra mente pensamientos erróneos, pero estas fortalezas son destruidas cuando llevamos cautivos los pensamientos al conocimiento de la Palabra de Dios que tenemos dentro de nosotras. La luz de su Palabra exhibe los engaños del diablo, y continuamente debemos resistirnos a permitir que el enemigo controle nuestra mente con esos pensamientos. Lo hacemos usando el arma de la Palabra y contestándole al diablo con ella.

Podemos mostrarle al diablo que no somos mujeres debiluchas que caerán en sus trampas. Podemos hacerle saber que no nos vamos a quedar cruzadas de brazos y dejar que nos llene la cabeza con basura que no se alinea con la Palabra de Dios. Podemos seguir el ejemplo de Jesús cuando el diablo lo tentó en el desierto. Él le contestó, respondiendo a cada uno de sus ataques con la frase "Escrito está", y citando las verdades de la Palabra de Dios.

Cuando el diablo le dice que usted no es buena, que nunca llegará a nada, y que Dios no la ama, haga guerra espiritual usando la Palabra de Dios. ¡Saque su espada de dos filos y úsela! Háblele al diablo fuerte y claramente, diciendo: "Soy justicia de Dios en Cristo" (2 Corintios 5:21). "Dios tiene un plan para mi vida" (Jeremías 29:11), y "Nada puede separarme del amor de Dios" (Romanos 8:35-39).

Cuando conocemos el carácter de Dios, es fácil confiar en Él y declarar confiadamente las verdades de su Palabra. La Biblia nos dice que Él es fiel, misericordioso, justo, amable, bueno y cariñoso. Pero la Palabra también enseña acerca del carácter de Satanás y cómo reconocerlo cuando está obrando, de modo que podamos derrotarlo. Todo lo del diablo nos

> *Cuando el diablo le dice que usted no es buena, que nunca llegará a nada, y que Dios no la ama, haga guerra espiritual usando la Palabra de Dios.*

abate: él deprime, desanima, defrauda, engaña, desilusiona, mata, roba y trae desesperación y destrucción.

Creo que hay muchas mujeres que se cruzan de brazos y permiten que el diablo destroce sus vidas debido a la falta de conocimiento. Ésa era la situación en que me hallaba hace muchos años. El diablo usaba mentiras y artimañas para mantener mi vida desecha, y ni siquiera sabía que él era mi verdadero enemigo. Hasta que descubrí que está vivo en el planeta Tierra, que me odia a mí (y a todos los hijos de Dios), y que estaba tratando de destruirme. Pero gracias a Dios, también aprendí que por medio de Cristo tengo autoridad sobre el diablo, y cuando comencé a ejercer esa autoridad sobre él, nunca más tuvo poder sobre mi vida.

Si usted ha estado permitiendo que el diablo la destroce, la animo a que le haga frente en vez de permitirle que gobierne su vida. Lucas 10:19 nos dice que se nos ha dado autoridad sobre todo poder que el enemigo posee. Así que comience hoy a usar el poder y la autoridad dados por Dios. Hágale frente y contéstele. Siga el ejemplo de Jesús, recordándole al diablo que es un enemigo derrotado citándole la Palabra de Dios. Santiago 4:7 dice: "Resistan al diablo, y él huirá de ustedes". Cuando el diablo vea que usted es una mujer que sabe cómo usar las armas de la guerra espiritual, no andará dando vueltas: ¡saldrá corriendo!

9

Escoja creer en vez de temer

¿Alguna vez ha huido de algo, desobedecido a Dios, o comenzado algo y retrocedido debido a un temor? Parece ser un problema común. Muchas mujeres hoy en día luchan con el temor y la inseguridad.

El temor es una táctica que el diablo usa para estorbar su fe y evitar que cumpla la voluntad de Dios para su vida, pero usted no tiene por qué ser presa de las artimañas malignas. El primer paso para vencer el temor es reconocer de dónde procede.

La Biblia dice que "No nos ha dado Dios espíritu de cobardía, sino de poder, de amor y de domino propio" (2 Timoteo 1:7, RV60).

Hay cientos de referencias en la Biblia que dicen a las personas "no temas". A toda persona de la Biblia que Dios usó en algún grado le fue dicho por Él una y otra vez "no temas".

El temor no es nada más que un sentimiento que causa ciertas manifestaciones. Puede causar temblor, ponerse rojo, sudar o que tiemblen las rodillas. Pero la Biblia no dice: "No sudes", "No tiembles" o "No te agites", dice: "¡No temas!".

La palabra griega para *temor* implica "fuga" o "escapar de algo". Cuando la Biblia dice: "No temas", no significa: "No *sientas* temor". Dios está diciendo: "Cuando venga el temor, no huyas: ¡no dejes que te impida avanzar!".

> Cuando el diablo trate de poner temor en usted, recuérdele —y recuérdese —que usted está ungida y que Dios ha prometido conducirla y guiarla.

Aunque ahora soy una persona muy valiente, hubo un tiempo en que no caminaba en la confianza y la bendición que Dios tenía para mí. Mis primeros años estaban arraigados en el temor. El espíritu de temor era mi continuo compañero. Una variedad de temores invadían mis pensamientos a menudo, incluyendo: temor al daño, temor al rechazo, temor del hombre, temor al futuro, temor de que la gente supiera que era abusada, temor de nunca ser amada, temor de que mi vida se arruinara, y muchos otros. Pero a través de los años, Dios me ha ayudado a comprender cómo tuvo lugar la esclavitud del temor en mi vida, y me ha mostrado cómo ser libre.

Como mujer de Dios, usted también puede ser libre eligiendo usar el "espíritu de poder" que Dios le ha dado. Cuando el diablo trate de poner temor en usted, recuérdele —y recuérdese — que usted está ungida y que Dios ha prometido conducirla y guiarla. Si está en un nuevo lugar, afronte el futuro con valentía. El gran *YO SOY* vive en usted, así que no tenga temor.

Oí una tremenda historia verídica acerca de cómo una mujer trató con el temor. No era libre para hacer lo que deseaba porque el temor la detenía cuando comenzaba a salir. Hasta que un día, un amigo le dijo tres palabras simples pero profundas que la hicieron libre: "Hazlo con miedo".

¿Quién dijo que una mujer de fe no puede hacerlo con miedo? El temor hace que tengamos sentimientos adversos, pero sólo porque *sintamos* temor no significa que no podamos hacer lo que tememos hacer. Tenemos elección.

La animo a que realice la elección correcta. No permita que el temor le impida avanzar en el buen plan de Dios para su vida. Elija mostrar fe y valentía y comience a disfrutar la maravillosa libertad que hay en la liberación del temor. ¡Se alegrará de hacerlo!

10

No deje a Dios fuera del circuito

Creo que las mujeres que han aprendido a ser independientes y tomar seriamente las responsabilidades a veces tienen dificultad para determinar dónde trazar el límite. Estos son atributos admirables, pero cuando se desequilibran, realmente pueden entorpecer su crecimiento espiritual.

Como mujeres cristianas, sabemos que somos salvas por gracia por medio de la fe, ya que Efesios 2:8, 9 dice: "Porque por gracia ustedes han sido salvados mediante la fe; esto no procede de ustedes, sino que es el regalo de Dios, no por obras, para que nadie se jacte".

Sabemos y comprendemos que la salvación es un regalo de la gracia de Dios —que no puede ser ganada— y lo aceptamos. Pero la gracia también es el poder de Dios para ayudarnos en otras áreas en las que no podemos solas por nuestra cuenta. En Juan 15:5, Jesús nos dice: "Separados de mí no pueden ustedes hacer nada". Esto deja bastante claro que necesitamos ayuda en cada área de nuestra vida. Si vamos a vivir victoriosas, debemos darnos cuenta de nuestra impotencia y ejercitar la fe en la gracia de Dios. Él está más que dispuesto a ayudarnos si nosotras estamos dispuestas a renunciar a nuestras actitudes independientes.

En Gálatas 2:21, el apóstol Pablo dijo que si no recibiera la gracia, estaría tratando su regalo como algo de menor importancia, frustrando su propósito y anulando su efecto. La gracia de Dios siempre está fluyendo hacia nosotras en cada situación, pero debe recibirse por fe. En el versículo 20, Pablo dijo que ya no vivía él, sino Cristo en él, y que la vida que entonces vivía, la vivía en la fe del Hijo de Dios.

Descubrí hace años que cada vez que me frustraba era porque estaba tratando de hacer algo por mí misma, en mi propia fuerza, en vez de poner mi fe en Dios y recibir su gracia, su ayuda. Me frustraba y luchaba con algo la mayor parte del tiempo durante los primeros años de mi caminar con el Señor. Así que el recibir una revelación de la gracia de Dios fue una victoria importante para mí. Siempre estaba "tratando" de hacer algo y dejando a Dios fuera del circuito. Trataba de cambiarme a mí misma, y de cambiar a mi esposo y a mis hijos. Trataba de lograr ser sana, prosperar, y hacer que mi ministerio creciera. Trataba de cambiar cada circunstancia de mi vida que no me gustaba. Pero solo me frustraba más porque nada de lo que intentaba producía ningún resultado bueno.

Dios no permitirá que triunfemos sin Él. Si lo hiciera, tomaríamos el crédito que le corresponde a Él. Si pudiéramos cambiar a las personas, las cambiaríamos para que se adecuen a nuestros propósitos, lo cual les robaría la libertad de tomar sus propias decisiones.

Finalmente aprendí a orar por lo que pensaba que necesitaba para cambiar, y se lo entregaba a Dios para que lo hiciera a su manera y en su tiempo. Una vez que comprendí la gracia, fue cuestión de aprender a confiar en Él de manera más completa.

Tenía que poner en práctica el confiar en Dios para muchas cosas, pero especialmente las finanzas. En un punto al comienzo de mi ministerio, Dios me pidió que confiara en que Él proveería económicamente para mi familia sin que yo trabajara fuera de mi hogar. Sabía que necesitaba tiempo para prepararme para el ministerio al cual Él me había llamado. Y trabajar a tiempo completo además de ser esposa y madre de tres hijos pequeños no me dejaba mucho tiempo para prepararme como maestra internacional de la Biblia.

En un acto de fe y con el consentimiento de mi esposo, renuncié a mi trabajo y comencé a aprender a confiar en Dios para que nos proveyera. Dave tenía un buen trabajo pero su salario era cuarenta dólares por mes menos que nuestras cuentas. Esto significaba que teníamos que tener un milagro de Dios cada mes sólo para cubrir nuestros gastos regulares.

Recuerdo qué lucha fue no regresar a trabajar, después de todo, era una mujer responsable y quería hacer mi parte. Pero sabía que tenía que confiar en Dios. Cada mes Él proveyó para nuestras necesidades económicas, y era emocionante ver su fidelidad, pero estaba acostumbrada a cuidar de mí misma, todo este "caminar por fe" estaba crucificando mi carne cada vez más. Era difícil para mí seguir poniendo en práctica la confianza, pero finalmente aprendí a caminar por fe en esta área. Obtener ese fuerte fundamento de la fe en el comienzo de nuestro ministerio nos ha servido mucho en tiempos de pruebas a lo largo de los años.

También tenía que poner en práctica el confiar en Dios en cuanto a la sumisión a la autoridad. Había sido herida y maltratada por figuras de autoridad en mi vida, especialmente figuras masculinas, y esas experiencias me habían dejado bastante decidida a hacer las cosas a mi manera y a no confiar en otras personas. Por supuesto, la Palabra de Dios dice que las esposas deben someterse a sus esposos (Efesios 5:22), y encontraba muy difícil hacerlo. Como muchos matrimonios, Dave y yo tenemos personalidades diferentes, y no concordaba con muchas de sus opiniones y decisiones. Sin embargo, nada de esto cambiaba la Palabra de Dios, de modo que tuve que aprender a someterme lo quisiera o no. Una vez más, el poner en práctica la fe en esta área crucificaba mi carne.

Recuerdo vívidamente decirle al Señor en una situación especialmente difícil: "¿Cómo puedes pedirme que confíe en las personas después de lo que me han hecho?".

Respondió a mi corazón: "No te estoy pidiendo que confíes en las personas, Joyce. Te estoy pidiendo que confíes en mí".

Él quería que confiara en que traería justicia a mi vida en cada situación, y que me diera cuenta de que si no lo hacía a mi manera, yo podía estar equivocada, o Él tenía en mente una manera mejor o un tiempo diferente. No fue fácil, pero practicaba una y otra vez en esta área, y finalmente logré la victoria.

> *Crecemos en la gracia poniendo en práctica nuestra fe en Dios y recibiendo su gracia en situaciones que son difíciles o imposibles para nosotros.* ❧

Sólo aprendemos a confiar en Dios haciéndolo. Crecemos en la gracia poniendo en práctica nuestra fe en Dios y recibiendo su gracia en situaciones que son difíciles o imposibles para nosotros.

Si usted está luchando con algo en su vida, pregúntese sinceramente si está poniendo su fe en Dios, creyendo que su gracia satisfará esa necesidad, o si está contando con sus propias capacidades y dejándolo a Él fuera del circuito. La gracia es el poder de Dios que entra en su situación para hacer por usted lo que no puede hacer por sí misma; pero debe escoger confiar en Él y recibir su regalo de la gracia. Cuando mantenga a Dios en el circuito confiando en que Él le ayudará en las áreas difíciles de su vida, usted se convertirá en una mujer de fe que disfruta la abundancia de la gracia de Dios.

11

Crea en el favor de Dios

Supongo que todos nosotros hemos hecho o recibido un favor, que se define como "un acto de bondad: esfuerzo en defensa de uno o por interés en uno". Un favor, sea realizado o recibido, es una experiencia muy agradable. Supongo que por esa razón a Dios le agrada otorgar favores a sus hijos. El salmista David habló del favor de Dios en el Salmo 30:5: "Porque un momento será su ira, pero su favor dura toda la vida" (RV60).

Hay muchas personas de las que se habla en la Biblia que recibieron el favor de Dios. Y ya que "para Dios no hay favoritismos" (Hechos 10:34), las mujeres de hoy en día podemos creer y recibir su favor en nuestra vida diaria.

El favor de Dios está disponible para nosotras, pero como otras muchas cosas buenas de la vida, el sólo hecho de que algo esté disponible para nosotras no significa que seremos partícipes de él. El Señor dispuso muchas cosas asequibles para nosotros que nunca recibimos ni disfrutamos porque no activamos nuestra fe en esa área.

Yo necesitaba mucho favor de Dios para llegar adonde estoy ahora en el ministerio. Creo que he logrado ser la persona que Dios dispuso que fuera, pero nunca podría haber ocurrido sin su favor. Por ejemplo, cuando comenzamos nuestro ministerio televisivo en 1993, casi nadie sabía que Joyce Meyer existía. Sabía que necesitaría mucho favor de Dios si íbamos a conseguir estaciones televisivas de calidad alrededor del mundo. Sabía que Dios tenía que abrir puertas para nosotros. Estaba dispuesta a pasar valientemente por ellas, pero Él tenía que abrirlas y no sólo darme favor con los dueños y los gerentes de las estaciones televisivas, sino también con las audiencias de televisión.

Soy una mujer muy enérgica, franca y sincera y muchas personas no aceptan muy bien ese tipo de personalidad. De modo que sabía que necesitaría el favor de Dios en esta empresa de fe. Necesitaba que Él mostrara mi corazón a las personas y que hiciera que creyeran que yo quería ayudarlas.

Creo que todas las mujeres tenemos algunas peculiaridades que pueden desagradar a la gente, así que orar por el favor es algo sabio. Cuando Dios da favor, la gente nos favorece y a menudo sin razón que puedan explicar. Si tres personas solicitaran el mismo puesto y todas estuvieran calificadas, la que viviera bajo el favor de Dios lo conseguiría.

El favor en realidad es parte de la *gracia*. En el Nuevo Testamento en inglés y en español, la palabra *gracia* y la palabra *favor* se traducen ambas de la misma palabra griega *charis*. De modo que la gracia de Dios es el favor de Dios. Y el favor de Dios es la gracia de Dios —lo que hace que ocurran en nuestra vida las cosas que es necesario que sucedan a través del canal de la fe—, el poder de Dios haciendo para nosotros algo que no podemos ganar ni merecer.

Cuando le decimos a alguien: "¿Puede hacerme un favor?", estamos pidiendo a esa persona que haga por nosotros algo que no ha sido ganado ni pagado. Estamos dependiendo de que se manifieste la bondad de ese individuo en forma de bendición, aunque no haya una razón natural para que sea dada.

Ester, Daniel y los jóvenes hebreos, Rut e incluso Jesús recibieron el favor de Dios que hizo que fueran aceptados en vez de rechazados en situaciones específicas. Pueden haber sido rechazados en algunas áreas, pero fueron aceptados con respecto a las cosas que Dios los había enviado a hacer.

Como mujeres de Dios, debemos orar regularmente por el favor sobrenatural y esperar recibirlo. ∞

No experimento total aceptación y favor dondequiera que voy, y nadie lo experimenta. Pero he experimentado mucho favor en lo que respecta a cómo la gente recibe mi ministerio de enseñanza. He sido invitada a participar en algunas de las más magníficas conferencias del mundo de hoy, junto a grandes hombres y mujeres de Dios a quienes respeto y admiro. Sé que es una manifestación del favor de Dios, y lo aprecio.

Ester necesitaba favor ante el rey. Fue elegida por Dios para llevar liberación a su pueblo, que estaba en peligro. Caminó por fe y fue a un lugar que para ella era difícil en lo natural. Dios le dio el favor en el cual ella creía, y cumplió con el llamado de su vida.

Rut era una moabita, de modo que no había manera de que fuera aceptada por los israelitas sin el favor de Dios, ya que los moabitas eran idólatras. Pero Dios le dio ese favor porque ella lo amó y confió en Él. Ella no hizo nada especial para merecerlo, pero su corazón era recto para con Dios. Debido a su favor, ella se casó con Booz, "un hombre rico e influyente" (Rut 2:1), y de su línea ancestral surgió David de quién fue descendiente Jesús.

Creo que podemos comprender que el favor es muy valioso y necesario para poder triunfar en ser todo lo que Dios dispuso que fuéramos. Como mujeres de Dios, debemos orar regularmente por el favor sobrenatural y esperar recibirlo. Para ser muy franca, es muy divertido ver el favor de Dios con nosotros en ciertas situaciones.

Estoy segura de que usted ha tenido ocasiones en que ha recibido favor, y que lo disfrutó muchísimo. Pero creo que Dios quiere darle aún más, así que la animo a que desate su fe en esta área como nunca antes lo ha hecho. No tenga temor de pedirle a Dios que le dé su favor. Pídalo, créalo y luego recíbalo con gozo.

12

¡Usted puede bendecirse a sí misma!

*H*e descubierto que la mayoría de nosotras no usamos nuestra boca para el propósito para el cual Dios nos la dio. Hay gran poder y autoridad en las palabras, y la clase de poder, depende de la clase de palabras que hablamos. Podemos bendecirnos o maldecirnos con nuestra boca. Al comienzo de mi caminar cristiano, Dios trató conmigo acerca de mis actitudes, pensamientos y palabras. En realidad, probablemente ha tratado conmigo de manera más constante con respecto a mi boca que con cualquier otro problema.

Como mujeres, por lo general deseamos una mezcla de cosas tanto espirituales como materiales. Queremos crecer espiritualmente y ser usadas por Dios, y deseamos ser bendecidas en nuestra situación material.

Había momentos en que deseaba las cosas que catalogaríamos como "bendiciones". Pero debido a que no había aprendido todavía la importancia de mis palabras habladas, decía que probablemente nunca vería ocurrir esas bendiciones. Como hablaba según mi experiencia, ¡estaba maldiciendo mi futuro con mis propias palabras! Estaba de acuerdo con el diablo en vez de con Dios.

Dios nos ha dado palabras, y espera que seamos responsables del poder que conllevan. ∽

Era necesario que llamara a esas cosas que no eran como si fuesen (vea Romanos 4:17). Era necesario que llamara desde el ámbito espiritual a lo que deseaba. Era necesario que cooperase con el plan de Dios para mi vida, ¡pero estaba engañada! Estaba creyendo mentiras. Satanás es un engañador. Lucha por causarnos problemas y luego los usa para influenciarnos ¡para que profeticemos la misma clase de problemas para nuestro propio futuro!

El profeta Isaías dijo ¡que podemos bendecirnos! "El que se bendijere en la tierra, en el Dios de verdad se bendecirá... porque las angustias primeras serán olvidadas, y serán cubiertas de mis ojos" (Isaías 65:16, RV60).

Este es un doble principio de vida que puede transmitirse a cada área en la que deseamos la victoria: (1) La palabra de nadie tiene tanta autoridad en nuestra vida como la nuestra propia. (2) Nuestro futuro no puede ser bendecido hasta que dejemos ir nuestro pasado.

Podemos comenzar a pensar de acuerdo con Dios desde el momento en que mentalmente dejamos de vivir en el pasado. Siempre digo que las palabras son los envases del poder. "En la lengua hay poder de vida y muerte; quienes la aman comerán de su fruto" (Proverbios 18:21). Para mí eso suena a poder. Y con el poder surge la responsabilidad. Dios nos ha dado palabras, y espera que seamos responsables del poder que conllevan.

Santiago 3:2 dice: "Porque todos ofendemos muchas veces. Si alguno no ofende en palabra, éste es varón perfecto, capaz también de refrenar todo el cuerpo" (RV60). Observe las cosas que usted dice cuando se levanta por la mañana y a lo largo del día. Lo crea o no, sí importan, para usted y para su bienestar. Hable acerca de su situación lo que cree que Jesús diría, y abrirá la puerta para el poder de Dios que obra milagros.

13

Hágase amiga de Dios

En Lucas 11:5-6, Jesús dice: "Supongamos... que uno de ustedes tiene un amigo, y a medianoche va y le dice: 'Amigo, préstame tres panes, pues se me ha presentado un amigo recién llegado de viaje, y no tengo nada que ofrecerle'". El Diccionario Webster define *amigo* como "una persona que usted conoce, que le agrada y en quien confía; un conocido, un asociado, un aliado con usted en la lucha, un camarada, un apoyo, uno que pelea de su lado".

Creo realmente que la mayoría de las mujeres comprenden el valor de la amistad, y cuando Dios es su amigo usted puede ir a Él con todas sus necesidades, incluso con las de otro que también es su amigo. Lo mejor que se puede hacer cuando alguien necesitado viene a usted por ayuda es darse cuenta de que usted no tiene lo que se requiere para satisfacer la necesidad, pero conoce a Alguien que sí lo tiene. Todo depende de si usted es amiga de Dios o no. Cuando usted toma a Dios por compañero de su vida y no tiene interés en hacer nada sin Él, entonces es una verdadera amiga de Dios.

Algunas mujeres no tienen satisfechas sus necesidades porque están inseguras en su relación con Dios. De modo que si no reciben una respuesta inmediata la primera vez que oran acerca de algo, salen corriendo para otro lado y se olvidan de eso.

Pero cuando usted sabe que es amiga de Dios, eso le da audacia para aproximarse a Él una y otra vez cuando es necesario. ∞

Pero cuando usted sabe que es amiga de Dios, eso le da audacia para aproximarse a Él una y otra vez cuando es necesario. Esta amistad hace que usted insista en recibir cosas que sabe que son suyas. Saber que usted es una amiga de Dios hace que usted sea impertinentemente persistente hasta sentir la victoria en su espíritu. Cuando eso sucede, sentirá un alivio que le permite seguir adelante y disfrutar su vida, sabiendo que Dios está contestando su oración.

Lamentablemente, muchas mujeres tienen miedo de esperar algo de Dios. Pero no hay nada de malo en decirle a Dios lo que usted está esperando. Hebreos 4:16 dice: "Así que acerquémonos confiadamente al trono de la gracia para recibir misericordia y hallar la gracia que nos ayude en el momento que más la necesitemos".

Nosotras las mujeres debemos aprender a tomar autoridad en el ámbito espiritual. La amistad con el Señor implica oración, y la oración consiste en moverse por fe y lograr que las situaciones cambien. Es una conversación íntima entre usted y su Padre Dios. Se trata de estar en la tierra y clamar para que baje del cielo a la tierra el poder de Dios para satisfacer la necesidad que le estamos presentando. Sí, es necesario que equilibremos la audacia de la autoridad con la mansedumbre, la humildad, y la bondad, pero la autoridad audaz es importante en nuestra relación con Dios. Es en nuestra vida de oración —en esos momentos de conversación privada a solas con Él— que nos convertimos en amigas de Dios.

No espere a ser perfecta para convertirse en amiga de Dios. Nunca ocurrirá, porque siempre necesitaremos toques finales. Sólo tenemos que levantarnos cada día y hacer lo mejor que podamos para vivir la Palabra. Allí es donde realmente logramos saber *acerca* de Él, y luego en oración y en tiempo personal con Él, logramos *conocerlo*. Él desea ser la clase de amigo a quien podemos venir audazmente con nuestro amor así como también con nuestras necesidades.

14

Mujeres que practican lo que predican

Recientemente, vi a una amiga en la tienda de comestibles, y podría decir que realmente deseaba detenerse y charlar. Sin embargo, yo tenía una cita a cerca de treinta minutos de la tienda, y tuve que explicarle rápidamente que no podía hablar en ese momento, sino que tenía que salir corriendo.

Más tarde esa noche, sentí en mi corazón un indicio de que mi amiga podría no haber entendido mi aparente desinterés por ella en la tienda. La llamé por teléfono y le hice saber que lamentaba no haber podido visitarla, explicando que tenía que asistir a esa cita, porque ya la había cancelado una vez con anterioridad.

Ahora bien, hace años no habría hecho eso. Habría tenido una actitud de "si se ofendió, ése es su problema". Pero he aprendido que quiero ser una mujer de Dios que practica lo que predica, no otra persona que habla por hablar. Trato genuinamente de andar en amor y lucho por no ofender a nadie si de algún modo puedo evitarlo.

Debido a mi propia experiencia, he llegado a creer que las personas que se ofenden fácilmente por lo general son egoístas e inseguras como una vez yo lo fui. Pero 1 Corintios 13 nos enseña que el amor no se irrita ni se ofende fácilmente. Una mujer que tiene lleno su depósito de amor es segura. Debemos recibir continuamente el amor de Dios, que nos permite estar seguras y confiadas. Ese mismo capítulo dice que el amor no es

Debemos recibir continuamente el amor de Dios, que nos permite estar seguras y confiadas.

egoísta. Cuando camino en amor, no estoy tan atenta a cómo me siento, sino que me preocupo por lo que está sucediendo en la vida de los demás que en la mía propia.

Amar a alguien siempre cuesta algo. Amarnos les costó a Dios y a su Hijo Jesús el precio más sublime. Y cuando andamos en amor con los demás, nos costará algo, quizás algo de dinero, algo de tiempo o hasta humillarnos para estar seguros de que no ofendimos a nadie.

Obviamente, algunas personas se ofenderán no importa lo que usted haga. Tratar de evitar que esa clase de individuos no se ofenda la deja a usted sin libertad. Hay un equilibrio en todas las cosas, pero éste es un principio bíblico que no puede ignorarse (vea 1 Corintios 10:32-33). Esta clase de conducta es mucho mejor que ofender y tal vez ser estorbo en la salvación de alguien, o de su progreso en el Señor.

El orgullo, por supuesto, no nos permitirá adaptarnos y ajustarnos a los demás. El orgullo quiere controlar y tener razón todo el tiempo. La humildad nos permite dar fruto. Eclesiastés 10:4: nos recuerda: "Si el ánimo del gobernante se exalta contra ti, no abandones tu puesto. La paciencia es el remedio para los grandes errores".

Esto no significa que tenemos que convertirnos en un felpudo para que todos caminen sobre nosotras, pero por la mayoría de las cosas con que la gente tiene problemas no vale la pena pelear ni discutir en absoluto. Es mucho mejor ir la milla extra para glorificar a Dios que insistir obstinadamente en salirse con la suya, hasta a expensas de causar una gran ofensa.

Me pregunto cuán a menudo hemos considerado a una persona como una "enemiga" simplemente porque dijo alguna verdad que no queríamos oír. Podría haberse convertido en una gran amiga. Estoy segura de que el espíritu de ofensa es un tremendo ladrón de las buenas amistades. Cuando hacemos una pregunta, muchos de nosotros realmente no queremos la verdad. Queremos que las personas nos digan lo que queremos oír. La madurez puede afrontar la verdad. Aunque duela, la madurez entiende la frase "sin dolor no hay beneficio".

Tenía muchas ataduras en mi vida como resultado de años de abuso y de huir de la verdad. Al iniciar una profunda relación con el

Espíritu Santo, rápidamente Él me confrontó con la verdad. Fue muy doloroso, y con frecuencia sentía que no podía soportar seguir, pero Dios me dio la gracia y me ayudó a continuar progresando.

¿Y usted? Creo que podría decir con seguridad que con cada paso de progreso que hacemos en nuestro camino con el Señor, somos confrontadas con una nueva verdad acerca de nosotras mismas. Algo viejo tiene que salir antes de que algo nuevo pueda surgir. Usted puede tener un antiguo modo de pensar, viejas maneras de hablar o actuar, y Dios la confrontará con la verdad acerca de dónde se encuentra de modo que pueda dejar ese lugar y subir al próximo nivel. ¿Por qué? ¡Porque Él la ama mucho!

Mateo 24:10 nos dice que "muchos... se odiarán" en los últimos días. ¡Pongámonos de acuerdo en que nosotras no estaremos entre ellos! Cuídese de la ofensa. Envenena las vidas y las actitudes y roba su andar en amor. "Por sobre todas las cosas cuida tu corazón, porque de él mana la vida" (Proverbios 4:23).

Camine en amor. Vuélvase conocida como una mujer de Dios que predica con el ejemplo que Jesús diseñó para todos y cada uno de nosotros.

15

Determinar sus prioridades

*L*a mejor manera que he hallado de determinar si Dios es lo primero en mi vida, es bajar la velocidad y hacerme algunas sencillas preguntas: *¿En qué pienso más? ¿Qué es lo primero en mi mente por la mañana y lo último en la noche? ¿Acerca de qué oro más y hablo más? ¿Qué temas llenan mis conversaciones con Dios y con los demás? ¿Qué hago con mi tiempo?*

Si pasamos una hora por semana orando y cinco o diez horas por semana haciendo compras, entonces las compras son una prioridad superior a Dios. Si pasamos treinta minutos orando y treinta minutos leyendo la Biblia cada semana, pero pasamos quince horas por semanas mirando novelas, Oprah o Dr. Phil por televisión, entonces la televisión es una prioridad superior a Dios.

La verdad es que nos hacemos tiempo para lo que realmente queremos hacer. Todos tenemos la misma cantidad de horas en un día, y para la mayoría, cada uno establecemos horarios. Si deseamos pasar tiempo con Dios, entonces vamos a hacerlo una prioridad.

Permítame hacerle algunas preguntas: ¿Y el dinero? ¿Es fácil para usted gastar dinero en un nuevo conjunto, completarlo con nuevas joyas y zapatos o algo para su casa, pero difícil obedecer a Dios en el momento de la ofrenda? ¿Encuentra que le es más fácil gastar dinero en comer afuera que en los CD de enseñanza o música cristiana que alimentan su espíritu?

El dinero en sí mismo no es malo: es "el amor al dinero" lo que es "la raíz de toda clase de males" (1 Timoteo 6:10). Si usted ama a Dios más que al dinero, puede hacer con el dinero lo que Dios le diga y estar en paz. Sin embargo, si usted ama a su dinero más que a Dios, probablemente va a molestarse o actuar como que no lo escuchó cuando Él le pida que haga algo que usted no quiere hacer con su dinero.

No tengo nada contra las mujeres que quieren tener suficiente dinero para comprar cosas, pero he aprendido que mi confianza no puede estar en el balance de mi cuenta bancaria o en las cosas que he acumulado. Y esas son cosas en las que ninguno de nosotros puede confiar. Podemos perder todo nuestro dinero y todas nuestras cosas en un instante. Pueden ser robadas o el mercado de valores puede derrumbarse en un momento dado y nuestro dinero quedaría sin valor. La Biblia dice: "No acumulen para sí tesoros en la tierra, donde la polilla y el óxido destruyen, y donde los ladrones se meten a robar. Más bien, acumulen para sí tesoros en el cielo, donde ni la polilla ni el óxido carcomen, ni los ladrones se meten a robar. Porque donde esté tu tesoro, allí estará también tu corazón" (Mateo 6:19-21).

Para ser mujeres realizadas, usted y yo necesitamos sacar a Dios de la caja en la que lo hemos colocado. Es necesario que no lo limitemos solamente a una hora o algo así el domingo por la mañana. Es verdad que Él participa de cosas espirituales como leer la Biblia y orar, pero también desea ser parte de las actividades de nuestra vida diaria como tender las camas, lavar la ropa y aspirar, ir a la tienda de comestibles, ¡y hasta ir a comprar ropa nueva, joyas y zapatos!

Colosenses 1:17 dice que Jesús "es antes de todas las cosas, y todas las cosas en él subsisten" (RV60). Eso es primordial. El mismo hecho de que sea Él Quien sustenta todas las cosas muestra cuán importante es Él en relación con todo lo demás. Sin Él todo se desharía.

> *Poner a Dios primero significa poner sus caminos primero: vivir de la manera en que Él viviría.*

La desafío a que regularmente se detenga y eche un vistazo a su vida. Pídale al Espíritu Santo que le muestre dónde están enfocadas sus prioridades. Luego, permita que su convicción la motive a buscar una relación más profunda con Dios. Dele a Dios todo lo que usted es, y todo lo que no es. Dios, por medio del poder del Espíritu Santo, es Quien le dará la capacidad para hacer ajustes en su estilo de vida y alinearlo con la Palabra (vea 1 Tesalonicenses 5:23). Él la capacitará para ponerlo a Él primero en sus pensamientos, conversaciones, y acciones. Le mostrará cómo ponerlo en primer lugar en su tiempo, dinero, relaciones, y toma de decisiones.

Soy una prueba viviente de que no importa en cuán gran lío esté su vida, Dios la transformará y la bendecirá si usted hace de Él su prioridad y rehúsa rendirse y darse por vencida. Poner a Dios primero significa poner sus caminos primero: vivir de la manera en que Él viviría. Juan 16:13 nos recuerda que "el Espíritu de la verdad… los guiará a toda la verdad". Permita que Jesús sea el Señor de su vida en todo lo que usted hace, y será más exitosa y feliz que lo que pueda imaginar.

16

¡No se complique!

Durante muchos años, fui una persona que no disfrutaba de la vida, celebraba estar sola. Iba camino al cielo, pero no disfrutaba el trayecto. Pero Dios me ha enseñado mucho acerca de disfrutar la vida. Juan 10:10 dice que Jesús vino para que "tengan vida, y la tengan en abundancia". ¿Y usted? ¿Está disfrutando su vida?

He aprendido que el disfrute de la vida no se basa en circunstancias placenteras. Es una actitud del corazón. Una vez que descubrí que el mundo no iba a cambiar para complacerme, decidí cambiar mi enfoque hacia algunas circunstancias que enfrentaba en la vida. Constituyó una notable diferencia en mi vida, y creo con todo mi corazón que también le ayudará a usted.

Las mujeres cristianas tenemos a nuestra disposición la abundante calidad de vida que proviene de nuestro Dios, Quien no está lleno de temor, estrés, preocupación, ansiedad ni depresión. Él no es impaciente ni tampoco está apurado. Se toma tiempo para disfrutar su creación. Y desea que nosotras hagamos lo mismo. Lamentablemente, no creo que la mayoría de las mujeres de hoy en día estén disfrutando su vida. Cuando usted se atreve a preguntarle a algunas de ellas cómo está, su respuesta casi siempre es: "¡Ocupada! Estoy muy ocupada con el trabajo, los chicos, la iglesia, las actividades de la escuela, ¡y mi esposo realmente piensa que tengo tiempo para ir a un partido con él! ¡No puedo creerlo, Joyce!".

Vivimos en un mundo estresante que parece estar volviéndose más estresante con cada año que pasa. La gente anda de prisa en todas partes. Es grosera, de mal genio, y resulta fácil comprender que muchas mujeres estén frustradas y bajo presión. Experimentan estrés financiero, estrés matrimonial, y el estrés de criar hijos en el mundo actual. Su estresante estilo de vida les ocasiona problemas de salud, lo que añade más estrés.

Tengo una revelación para usted: **la sencillez trae gozo, y la complejidad lo bloquea**. En vez de enredarse con la complejidad de la religión, debemos regresar a la sencillez de creer y mantener una relación de Padre e hijo. Mateo 18:3 dice: "Les aseguro que a menos que ustedes cambien y se vuelvan como niños, no entrarán en el reino de los cielos".

¡Guau! Dios quiere que enfoquemos la vida con la fe de un niño. Él desea que crezcamos en nuestra conducta pero que permanezcamos como niños en nuestra actitud hacia Él en lo que concierne a nuestra confianza y dependencia. Quiere que sepamos que somos sus preciosas pequeñitas: sus hijas. Demostramos fe en Él cuando nos acercamos a Él de esa manera, lo cual le da la libertad para poder cuidarnos. No creo que podamos tener paz y disfrutar la vida sin una fe de niños. Cuando usted comience a vivir la vida con toda la sencillez de un niño, cambiará toda su perspectiva de la manera más sorprendente.

Comience a buscar las formas en que usted complica las cosas y pídale al Espíritu Santo que le enseñe sencillez. Él vive en usted, y aunque es extraordinariamente poderoso, también es extraordinariamente sencillo. Él le enseñará sencillez si realmente usted anhela aprenderla.

Si usted se parece en algo a mí, tal vez sea una adicta al trabajo. Yo encontraba satisfacción en los logros, y a menudo trabajaba cuando debería haber tomado tiempo para hacer otras cosas, quizás hasta pasar "tiempo de esparcimiento" con mi familia. Tómelo de mí, ¡disfrutar la vida es un regalo de Dios! Nuestras familias también son un regalo de Dios para nosotras. No se arriesgue a tener una actitud desequilibrada que podría llevar a su familia a creer que es menos importante para usted que su ocupación y su trabajo. No se

La simplicidad trae gozo, y la complejidad lo bloquea.

permita caer tanto en esa trampa que fracase en disfrutar los placeres sencillos que Dios provee en cada simple día.

Como mujeres de Dios, Él nos dio vida a usted y a mí y nuestra meta debería ser disfrutarla. Deje de complicarse y de complicar las cosas. Trate de decir estas palabras cuando se levante por la mañana: "Éste es el día que hizo Jehová; nos gozaremos y alegraremos en él" (Salmo 118:24, RV60).

17

¿Está esperando en Dios o Dios la está esperando a usted?

¿*A*lguna vez ha permitido usted que sus emociones y necesidades inmediatas anulen todo lo demás simplemente porque no podía disciplinarse para esperar? ¿Cuántas mujeres conoce, que han cambiado las bendiciones de la vida por apetitos a corto plazo?

Santiago 5:7 nos exhorta: "Por tanto, hermanos, tengan paciencia hasta la venida del Señor. Miren cómo espera el agricultor a que la tierra dé su precioso fruto y con qué paciencia aguarda las temporadas de lluvia". Esta escritura no dice: "Sean pacientes si esperan". Dice: "Tengan paciencia". Esperar es parte de la vida. Las mujeres no "esperamos bien", y, sin embargo, en nuestra vida pasamos más tiempo esperando que recibiendo. Finalmente decidí aprender a disfrutar el tiempo de esperar, no sólo el tiempo de recibir.

Comencé a darme cuenta de que la impaciencia es fruto del orgullo, y el orgullo impide esperar porque la mujer orgullosa tiene un concepto tan alto de sí misma que cree que nunca se le debe causar ninguna molestia. Probablemente usted no es así, pero muchas mujeres lo son, y tengo que admitir que una vez yo lo fui. Es riesgoso exaltarnos a un lugar tan elevado que nos haga mirar a los demás desde arriba. Una mujer humilde no exhibirá una actitud impaciente.

Si usted ha esperado mucho tiempo y no ha visto mucho progreso, probablemente se está cansando de esperar. Le animo a asumir una nueva actitud hacia la espera. Dios me ha enseñado por su Palabra a vivir la vida que tengo ahora, mientras espero que ocurran las cosas que anhelo en mi corazón. Nos hemos vuelto tan resueltos a tratar de hacer surgir lo próximo que no cuidamos ni disfrutamos las cosas que tenemos a mano.

¿Qué clase de mujer quiere ser usted? ¿Está dispuesta a ser exigida, a crecer y madurar? ¿O cree que tiene que tener ahora lo que desea?

La Biblia dice que Jesús sufrió la cruz por el gozo puesto delante de él (Hebreos 12:2). Moisés eligió sufrir el maltrato y la crítica para servir a Dios. Él miraba más allá del presente la recompensa y el galardón que vendría después.

Cada uno de nosotros debe decidir. Debemos pagar el precio. Jesús nunca dijo que sería fácil, pero dijo que valdría la pena. Entregar nuestra propia vida por la voluntad de Dios no es algo fácil. Cuando el Espíritu Santo trata con nosotros, tratamos de salir corriendo, pero Él no se da por vencido. Sigue tratando con nosotros hasta que nos apaciguamos y dejamos que nos guíe en la senda por la cual quiere que vayamos.

La buena disposición es el primer paso. Aunque estaba dispuesto, aun Jesús batalló en medio de dolorosas emociones en el Huerto de Getsemaní y llegó a la decisión final de hacer lo que estaba llamado a hacer: sufrir el dolor de la cruz y convertirse en el sacrificio perfecto por todos nosotros.

He tenido muchas sesiones con Dios acerca de mi impaciencia respecto a la espera, pero Él fue fiel al permanecer conmigo hasta que me agoté y al fin estuve dispuesta a escuchar su voz. Estoy tan contenta de haber pasado por esos fuertes encuentros con Dios, porque ahora estoy viviendo la recompensa. ¡Y usted también puede hacerlo!

Pasará por algunas cosas mientras aprende cómo esperar pacientemente. Sólo Dios sabe qué precio le ha pedido que pague. Nadie tiene derecho a juzgarla o criticarla. Pablo respondió a la crítica diciendo que él llevaba en su

> *Cuando aprendemos a ser obedientes mientras estamos en la sala de espera de Dios, crecemos en nuestra capacidad y buena disposición para dejar de lado nuestra voluntad y hacer la suya.* ∞

cuerpo las marcas del Señor Jesús. Nadie tenía derecho a decirle que no era fiel a Dios.

Esperar es una prueba que determina nuestra actitud. Cuando usted permanece fiel y paciente, nadie puede robarle su recompensa. Haga lo que sea necesario para aprender a no caer ante la necesidad inmediata y aquello por lo que su carne grita ahora mismo, de modo que termine perdiendo las bendiciones a largo plazo. Comience hoy estando dispuesta a esperar que Dios obre su voluntad para su vida.

La vida victoriosa exige pronta y exacta obediencia al Señor. Cuando aprendemos a ser obedientes mientras estamos en la sala de espera de Dios, crecemos en nuestra capacidad y buena disposición para dejar de lado nuestra voluntad y hacer la suya. Es esencial que hagamos progresos en esta área.

Cuando su batalla con la espera parezca interminable y crea que no lo logrará, recuerde que está reprogramando una mente mundana muy carnal para que piense como Dios piensa. ¿Imposible? ¡No! ¿Difícil? ¡Sí! Pero Dios está de su lado. Él es el mejor "programador de computadoras" que hay. Simplemente coopere con Él y no se dé por vencida. Esté preparada y lista cuando Dios le diga que es hora de que usted se levante y ande con Él. No lo haga esperar en responder a su llamado divino.

18

Usted no es rara: ¡es única!

¿Alguna vez se ha encontrado tratando de ser como alguien que cree que es más aceptable que usted? ¿Su corazón clama por la libertad de ser aceptada por lo que es y por quien es ahora mismo? Creo que muchas, sino la mayoría, de las mujeres se sienten de esta manera en algún punto de su vida. Pero no es una forma de vivir muy placentera. Las mujeres que no se aceptan a sí mismas por lo general tienen dificultad para relacionarse con los demás.

Pasé momentos difíciles con las relaciones hasta que finalmente me di cuenta por la Palabra de Dios de que mis problemas para llevarme bien con los demás tenían sus raíces en las dificultades conmigo misma. No me agradaba mi personalidad. Continuamente me comparaba con otras mujeres, encontraba faltas en mí, me rechazaba y hasta me odiaba a mí misma. Pensaba que yo era rara porque no era como otros.

Dios me ayudó a descubrir que no soy rara: ¡soy única! Y ya que algo único tiene más valor porque es singular, ¡yo también tengo valor! Ahora puedo disfrutar de la libertad de ser yo misma, y he descubierto que es uno de los más grandes regalos que Dios me ha dado. ¡Lo que he experimentado y disfrutado funcionará también para usted!

Usted es una preciosa mujer, excepcional, única y valiosa.

Usted es una preciosa mujer, excepcional, única y valiosa. Y quiero ayudarle para que aprenda cómo triunfar en ser usted misma con algunas sugerencias fáciles de seguir:

1. **Hable cosas buenas acerca de usted misma.** Declare lo que dice la Palabra de Dios acerca de usted. Por ejemplo, dígase: "Soy justicia de Dios en Cristo. Soy acepta en el Amado. Dios me creó y me formó con su mano, y Dios no comete errores" (vea 2 Corintios 5:21; Efesios 1:6; Salmo 119:73). Me gusta comenzar el día diciendo cosas buenas acerca de mí, del día y del futuro. Mírese al espejo y diga en voz alta: "Dios te ama, yo te amo, y yo te acepto".

2. **Evite compararse con otras mujeres.** Dios debe de amar la variedad o todos nosotros no luciríamos tan diferentes. Él nos ha creado diferentes a cada uno de nosotros hasta nuestras huellas digitales. Por supuesto, podemos mirar a ciertas personas como buenos ejemplos a seguir, pero aun así, si se duplican, las buenas características se manifestarán de manera diferente a través de nuestras personalidades individuales.

3. **Concéntrese en su potencial, en vez de en sus limitaciones.** Rehúse concentrarse en sus debilidades excepto en un esfuerzo para convertirlas en puntos fuertes. Mantenga en perspectiva sus defectos. Las personas con un alto nivel de confianza tienen tantas debilidades como aquellas que no lo tienen, pero se concentran en sus puntos fuertes, no en sus debilidades.

4. **Aprenda a sobrellevar la crítica.** Si usted se atreve a ser diferente, tendrá que esperar alguna crítica. Seguir a la multitud cuando usted sabe en su corazón que Dios la está guiando en una dirección diferente es una de las razones por las que las mujeres no triunfan en ser ellas mismas. Usted no estará cómoda si va en contra de sus propias convicciones.

Si el diablo la ha atormentado con pensamientos sobre cada una de sus fallas o ha hecho desfilar delante de usted a otras mujeres que parecen no tener fallas, no le crea. Él es un mentiroso. Sus mentiras causan dolor y sufrimiento innecesario a las mujeres, pero la verdad de la Palabra de Dios renueva nuestras mentes y nos transforma en las mujeres que Dios desea que seamos (vea Efesios 4:23-24).

Ahora es el momento de dejar de fingir ser otra persona y comenzar a ser quien realmente usted es. Recuerde esto: Dios nunca la ungirá para ser ninguna otra persona sino usted misma. Dejemos que ya sea el momento de que usted avance y sea libre de los tormentos de las comparaciones y del tratar de ser alguien que no es. Lo único que se interpone entre usted y la victoria es USTED.

19

¿Está siempre cansada?

¿Siempre experimenta cansancio? ¿Y agotamiento "espiritual"? ¿Siempre tiene ganas de desistir —simplemente renunciar— debido a que siente o que está haciendo todo lo que sabe hacer sin obtener resultados correctos? ¿Alguna vez ha preguntado: "Si Dios es bueno, todopoderoso, y lleno de amor para nosotros, ¿por qué no detuvo esto? ¿Por qué permitió que sucediera eso?"? Satanás busca levantar un muro entre Dios y las mujeres heridas. Está ansioso de esparcir la mentira de que Dios no es bueno y digno de confianza. Nosotras sabemos que eso no es verdad. Sabemos que Dios es bueno —que Él no puede ser otra cosa— pero la confianza siempre requiere preguntas sin respuestas.

Webster define la palabra *cansado* como "estar débil, estar agotado, cansado, enfermo, fatigado, exhausto, y sin paciencia". Debemos darnos cuenta de que éste es el plan de Satanás para los creyentes de los últimos tiempos. Daniel 7:25 es una descripción vívida de una visión que recibió el profeta Daniel con respecto a los últimos días: "Y... a los santos del Altísimo oprimirá...".

Pusilánime es una palabra usada en el Antiguo Testamento registrada por Moisés, Isaías, y Jeremías para describir a personas que están desanimadas y cansadas por los eventos de su época. Significa ser "de poco ánimo". Su alma está compuesta por la mente, la voluntad y las emociones. Esta definición dice que usted no puede manejar problemas desafiantes sin derrumbarse, abandonar o rendirse, desanimándose, deprimiéndose o siendo negativa.

Pero quiero animarla. ¡Realmente hay buenas noticias! Romanos 8:37 confirma que los creyentes somos ¡"más que vencedores por medio de aquel que nos amó"! *Más que vencedores* significa que antes de que comiencen los problemas, ya sabemos quién gana. Me encanta eso, ¿y a usted?

Nos hemos propuesto en nuestro corazón mantener una relación tan íntima con Dios y su Palabra que seamos constantemente fortalecidas por el poder de sus promesas. ¡La intimidad con Dios produce mujeres cristianas que pueden durar más que el diablo!

¿Es posible que su vida atareada haya desplazado el tiempo de calidad que una vez pasaba con el Señor? Aunque esté ocupada en actividades de la iglesia o relacionadas con ella, quizás sea bueno que compare el tiempo que pasa haciendo cosas para Dios con el tiempo que pasa estando con Dios. Después de todo, todos somos *seres* humanos, no *haceres* humanos.

La animo a que aprenda cómo decir no cuando Dios está diciéndole que no se involucre en esta o aquella actividad. Usted debe establecer límites para su vida de modo que no se "gaste" tratando de cumplir con algo que, en primer lugar, Dios no le dijo que haga. Al mantener una relación íntima con el Señor acumulamos reservas de sus fuerzas de las cuales podemos "tomar prestado" cuando necesitemos.

La palabra *permanecer* significa "morar o vivir en". No se refiere a hacer visitas. Se refiere a permanecer o quedarse. Yo no visito mi casa: vivo en ella. Debemos aprender a vivir en el amor de Dios. Primera de Juan 4:16 resalta el punto de que debemos ser conscientes del amor que Dios tiene por nosotros. El conocimiento de su amor no debería ser un hecho bíblico al cual asentimos mentalmente, sino una diaria y vívida realidad de nuestra vida. "Y nosotros hemos llegado a saber y creer que Dios nos ama. Dios es amor. El que permanece en amor, permanece en Dios, y Dios en él" (1 Juan 4:16).

Usted puede aprender a crecer en tiempos de dificultad mientras permanece en el amor de Dios. Cada uno de nosotros puede segar una gran cosecha de madurez cristiana durante las dificultades porque éstas nos obligan a estar más cerca de Dios.

> *¡La intimidad con Dios produce mujeres cristianas que pueden durar más que el diablo!* ∞

Creo que podemos vivir nuestra vida de tal manera que realmente podamos estar confiadas en la fortaleza de Dios, sin tener temor de las pruebas y tribulaciones que producen guerreros cansados y santos desanimados. Pase tiempo de calidad con el Señor y levante una cosecha abundante de sus beneficios. Fortalézcase "en Él" y en el poder de su fuerza.

20

Una mujer de paciencia...
Una mujer de poder

*N*uestro mundo de hoy necesita desesperadamente mujeres que sean ejemplo de paciencia y del poder divino; mujeres que "como escogidas de Dios, vístanse de... paciencia..." (Colosenses 3:12).

Esta escritura nos dice que la paciencia tiene poder. ¿Por qué es tan poderosa la paciencia? Simplemente porque las personas pacientes no pueden ser controladas por el diablo o las circunstancias que él genera para molestarlas. La Palabra de Dios promete en Santiago 1:4 que una persona paciente será perfecta e íntegra, sin que le falte nada. La paciencia es un fruto del Espíritu, y el *Diccionario Griego Vine* afirma que sólo crece por medio de la prueba.

Para la mayoría de nosotras éstas no son noticias muy emocionantes, pero creo que ciertas circunstancias de nuestra vida están preparadas para enseñarnos cómo tratar con las situaciones desagradables y aún así permanecer estables. Jesús pasó por esto, y nos dice que un siervo no es mayor que su señor (vea Mateo 10:24). Jesús permaneció el mismo en toda situación: Él es la Roca, el mismo ayer, hoy y por siempre...¡inconmovible, inquebrantable, nada puede con Él!

Romanos 5:3 dice: "Y no sólo esto, sino que también nos gloriamos en las tribulaciones, sabiendo que la tribulación produce paciencia; y la paciencia prueba; y la prueba, esperanza" (RV60). Se supone que estemos llenos de gozo *ahora,* no *después* de que termine la prueba. Solamente podemos tener gozo en medio de la prueba si recordamos que ésta está produciendo algo bueno. Lo que sea por lo que estemos pasando quizás no sea bueno, pero puede producir algo bueno en nosotras. La paciencia es algo bueno que es necesario desarrollar en nuestro interior. No puede fluir a través de nosotras, sin embargo, a menos que se haya desarrollado en nosotras.

Es vital que el mundo vea el fruto del Espíritu fluyendo a través de los creyentes. Muchos hoy en día leen cristianos en vez de leer Biblias, y como mujeres cristianas, todos los días tenemos muchas oportunidades para presentar la paciencia y el poder a quienes están en nuestro ámbito de influencia. Seguramente podemos hablar a los demás acerca del amor de Dios, pero es mucho más efectivo si ellos pueden ver el amor en acción en nuestra vida. La primera virtud del amor que se enumera en 1 Corintios 13 es la paciencia: "El amor es paciente" (versículo 4).

Se requiere la paciencia para ver el cumplimiento de las promesas de Dios. Hebreos 10:36 dice: "Porque os es necesaria la paciencia, para que habiendo hecho la voluntad de Dios, obtengáis la promesa" (RV60). No podemos perseverar, y no perseveraremos, sin paciencia. No veremos el cumplimiento final de nuestra fe sin perseverancia. No nos viene todo inmediatamente al creer. Hay una espera implícita en el recibir de Dios. Es durante estos periodos de espera que nuestra fe es probada y purificada. Sólo quienes perseveran y esperan pacientemente experimentarán el gozo de ver aquello por lo que han esperado.

Es importante darse cuenta de que la paciencia no sólo es la capacidad de esperar, sino también cómo actuamos mientras esperamos. Se nos anima a esperar con paciencia, no sólo esperar, sino "esperar con paciencia". Se sabe que esperaremos. En realidad, esperar es una parte de la vida que no puede evitarse. Las personas pasan mucho tiempo esperando; y si no aprenden a esperar con paciencia, se deprimirán mucho. Una de las cosas que he podido comprender a lo largo de los años es que cuando me siento abatida, por lo general, acabo abatiendo a los demás también, lo cual, por supuesto es totalmente injusto para las personas con quienes me relaciono.

> *Se requiere paciencia para ver el cumplimiento de las promesas de Dios.*

En Colosenses 1:11, Pablo oraba por la iglesia para que estuvieran "fortalecidos en todo sentido con su glorioso poder. Así perseverarán con paciencia en toda situación".

Creo que como mujeres cristianas podemos permanecer en calma en las tormentas de la vida, controlar nuestras palabras, y continuar amando a los demás aun cuando su conducta se torne un reto.

Realmente es muy liberador ser libre del control de las circunstancias por el poder del Espíritu Santo y exhibir el fruto del Espíritu en cada situación. Dios es muy paciente con nosotros. Él es sufrido, abundante en misericordia, y lento para la ira, y nosotras tenemos que imitarlo: seguirlo en cada pensamiento, palabra, y hecho. Esto es imposible sin paciencia. Pero cuando usted busque activamente la paciencia de Cristo, siempre la conducirá hacia su poder.

21

Deje el estrés y evite la angustia

Como mujer que trata con los desafíos de vivir en el frenético mundo de hoy, estoy segura de que está familiarizada con el estrés. Todos nosotros tratamos con una variedad de estresantes en nuestra vida, pero los conflictos causan gran parte de nuestro estrés. Nada es más peligroso físicamente para mí que enojarme o molestarme, especialmente si permanezco así mucho tiempo. No es extraño que la Biblia diga: "'Si se enojan, no pequen'. No dejen que el sol se ponga estando aún enojados" (Efesios 4:26).

En los primeros años de nuestro matrimonio, me enojaba y permanecía así por días…y en ocasiones por semanas enteras. El estar enojada y molesta parecía hacerme más enérgica por un tiempo, pero cuando el enojo disminuía, sentía como si alguien me hubiera jalado el enchufe y drenado toda mi energía.

Me sentía enferma la mayor parte del tiempo, pero no relacionaba eso con mis sentimientos de enojo. Tenía dolores de cabeza, problemas de espalda, problemas de colon, y tensión en el cuello y los hombros. El doctor realizaba exámenes pero no podía encontrar nada malo en mí. Llegó a la conclusión de que probablemente era estrés. ¡Eso me enojó mucho más! Sabía que estaba enferma, y hasta donde yo sabía, no era el estrés lo que lo causaba.

Siempre había sido una persona muy vehemente, más allá de lo que hiciera. Cuando limpiaba la casa, trabajaba mucho, y me enojaba cuando alguien desordenaba. Quería la casa para mirarla, no para vivir en ella. Sabía cómo trabajar, pero no sabía cómo vivir.

Esto causaba conflictos no sólo conmigo misma sino también con Dave, los chicos, los miembros de la familia, los vecinos, y hasta con Dios. Lograba esconderlo bien de aquellos a quienes quería impresionar, pero mi vida interior casi siempre era un desorden. No importa cuán bien podamos esconder las cosas ante otras personas, el daño continúa en nuestro cuerpo físico y en la mente si vivimos bajo un continuo estrés.

El estrés puede ser mental, emocional, tensión física, nerviosismo o angustia. Y todos tienen estrés en una forma u otra. Todos los empleos de hoy —sea en el mundo de los negocios, en el ministerio, o como esposa y madre "ama de casa"— tienen cierta cantidad de estrés mental. El estrés diario no puede evitarse, pero al final del día todos necesitamos un tiempo tranquilo para descansar y rejuvenecer. Debemos darnos cuenta de que el adecuado descanso y el tiempo de sosiego son vitales para reponer la energía que hemos gastado. No es extraño que Dios estableciera que trabajáramos seis días y luego tuviéramos un Sabath: un séptimo día para descansar totalmente de todas nuestras labores (vea Éxodo 20:8-10). Aun Dios descansó de sus labores después de los seis días de la creación (vea Génesis 2:2).

Podemos manejar el estrés normal, pero cuando las cosas se desequilibran, a menudo sacrificamos nuestra buena salud. En el mundo de hoy, son más las personas que se sienten mal en vez de bien. Están cansadas, desgastadas y fatigadas... con poca y nada energía. No pueden caminar muy lejos, y correr les es imposible. La mayoría están demasiado cansadas para subir por las escaleras, y algo tan simple como una pileta llena de platos sucios puede sumir a algunos en la depresión.

La ciencia médica ha presentado toda clase de nombres para esta nueva serie de problemas, pero creo que la raíz de todo esto es la falta de la paz en la cual Jesús nos alentó a vivir. El mundo de por sí es un lugar estresante. Los niveles de sonido están creciendo a una velocidad alarmante. Hace algunos años, usted podía detenerse junto a otros autos

Si su nivel de estrés está afectando su salud, su felicidad, y su efectividad, es hora de que deje el estrés. ∽

en una intersección sin preocuparse porque el bajo retumbante de un estéreo le dañara el oído. Pero hoy en día esta escena ocurre todo el tiempo, y el volumen es lo suficientemente elevado para que una persona sana desee gritar. Los sonidos parecen estar representando la profunda rebelión escondida en sus almas.

Todos están apurados, pero lamentablemente, muchos no están yendo a ninguna parte y no lo saben. Todo esto crea una atmósfera que carece de paz. La atmósfera está sobrecargada de conflictos y estrés. Muchas familias experimentan la presión. La vida normal frecuentemente requiere dos ingresos, así que en un hogar ambos padres tienen que trabajar, o quizás el padre tenga dos empleos. Muchas madres solas tienen dos o tres empleos para pagar las cuentas, y todavía tienen que hacer las tareas domésticas por la noche.

Las personas cansadas en tales circunstancias sucumben más fácilmente a la tentación y se enojan con mayor rapidez que cuando están descansadas. Son más impacientes y se frustran con mayor facilidad. No hace falta ser un genio para reconocer el plan de Satanás. Recuerde, él trama y planifica y prepara sus ardides. Él planea su destrucción, y ejecuta su plan de maneras engañosas que usted al principio no pueda reconocer.

Las exigencias y las presiones en la vida de las mujeres de hoy en día en ocasiones pueden ser abrumadoras, y el diablo trata de sacar ventaja de nosotras cuando estamos más vulnerables. De modo que si su nivel de estrés está afectando su salud, su felicidad, y su efectividad, es hora de que deje el estrés antes de que el diablo la empuje a la angustia.

Usted puede hacerlo siguiendo la amonestación que se encuentra en Filipenses 4:6, 7: "No se inquieten por nada; más bien, en toda ocasión, con oración y ruego, presenten sus peticiones a Dios y denle gracias. Y la paz de Dios, que sobrepasa todo entendimiento, cuidará sus corazones y sus pensamientos en Cristo Jesús".

Bien, ¡ésa es la manera de dejar el estrés!

22

No llore por la leche derramada

Jesús habló estas palabras alentadoras en Juan 14:27: "La paz les dejo; mi paz les doy...". Ésa es una maravillosa confirmación de que el vivir en paz es el derecho de cada cristiano —incluso las madres atareadas que a veces están tentadas a llorar o explotar— por la leche derramada. Lo sé porque he estado en esa situación y lo he hecho.

Aprendí por medio de la experiencia en algunas pruebas que sólo podemos caminar en paz si estamos dispuestas a ser flexibles y a adaptarnos a las personas y a las circunstancias. Cuando vivía en "modo explotar", nunca fallaba que uno de mis hijos derramara algo en la mesa cada noche. Y cada noche yo tenía un ataque.

Uno de ellos tiraba un vaso e inmediatamente comenzaba a gritar mientras la leche corría por la mesa. Aprendí que cuando algo se derrama, tienes que sacarlo antes de que se meta en las grietas de la mesa, porque la leche se corta rápidamente allí dentro ¡con la otra suciedad escondida! Y finalmente tendrás que desarmar la mesa y sacar con un cuchillo de mesa la leche seca y las otras "misteriosas comidas" de las grietas.

Solía gritarles a los niños: "¿Nunca podemos tener una comida en paz?". No me daba cuenta de que podríamos haber tenido una comida en paz si yo hubiera dejado de gritarles a todos. Podría haber traído paz a nuestra mesa cada noche si hubiera limpiado todo y me hubiera callado.

De modo que si se pregunta cómo tener paz, puedo decirle que ésta vendrá si usted deja de hacer problemas por todo. Tendrá que estar dispuesta a dejar de angustiarse por los accidentes o por no salirse con la suya.

Una noche estaba debajo de la mesa, porque la leche que los niños habían derramado se había escurrido a través de las grietas antes de que pudiera secarla, y corría por las patas del centro de la mesa. Yo tenía un ataque, los niños estaban molestos, y alguien me pateó en la cabeza, lo que me hizo enojar aún más. Sabía que era un accidente —que no se había hecho a propósito— pero eso parecía no importar.

El pobre Dave debía de estar cansado de sentarse a la mesa después de todo un día de trabajo y tener que soportar mis arrebatos. (Y no podía imaginar por qué quería ir todas las noches al campo de golf y golpear las pelotas de golf, así que eso también me hacía dar un ataque.)

Así que allí estaba, debajo de la mesa, limpiando el lío y diciendo: "Todas las noches alguien tiene que derramar algo, y sólo necesitamos un poco de paz aquí". Y el Espíritu Santo vino —allí debajo de la mesa— y me dijo: "Joyce, una vez que la leche se derrama, no importa lo mucho que te enojes, no vas a lograr que suba por las patas de la mesa, a la mesa y regrese al vaso. Sólo tienes que aprender a ir con la corriente".

Hay algunas cosas acerca de las cuales podemos hacer algo, pero hay muchísimas otras acerca de las cuales no podemos hacer nada, así que es necesario que las dejemos ir y mantengamos el gozo. Necesitamos mantener nuestra paz —y nuestra lengua— haciendo lo que es correcto, y permitir que Dios obre a nuestro favor.

Cuando Jesús dijo: "No se angustien ni se acobarden" (Juan 14:27), estaba diciendo que debemos controlarnos.

> *Necesitamos mantener nuestra paz —y nuestra lengua— hacer lo que es correcto, y permitir que Dios obre a nuestro favor.* ∾

Durante muchos años, yo argüía: "Dios, no quiero actuar así, pero no puedo evitarlo". Gálatas 5:23 dice que el dominio propio es un fruto del Espíritu que mora en nosotros. No tenemos que dar lugar a emociones desenfrenadas. Dios nos dará el poder para hacer lo que sea necesario hacer, tan a menudo como lo necesitemos.

Si usted pierde su paz con frecuencia por respuestas emocionales a las pruebas de la vida, Dios puede ayudarla a manejar esas emociones. Sea que necesite ayuda para no enfadarse sobre la leche derramada o para perdonar a alguien por una ofensa, el Señor le dará gracia tan a menudo como la necesite.

La única manera de tener paz es dejar ir las pequeñas ofensas e irritaciones. ¿Por qué no ahorrar tiempo y dolor y perdonar a las personas de inmediato? Cuando usted está enojada, es menos probable que la guíe el Espíritu de Dios. Así que deje de llorar sobre la leche derramada, y permita que el Espíritu la ayude a mantener una vida interior tranquila. Usted será una mujer mucho más feliz... y quienes están a su alrededor también serán bendecidos.

23

No se predisponga a desilusionarse

¿Alguna vez se sintió decepcionada por otros porque fallaron en vivir conforme a lo que esperaba de ellos? Es un problema común. Todos tenemos estándares personales que esperamos que otras personas satisfagan, y nos desilusionamos cuando fallan en actuar de la manera que esperábamos. Pero realmente, ¿nos hiere lo que ellos hacen, o es nuestra propia expectativa poco realista la que nos predispone para el dolor que sentimos cuando no se conducen conforme a nuestros modelos?

La Palabra de Dios nos dice que esperemos cosas de Él, pero no de otras personas. Pero ¿cómo podemos relacionarnos con personas y no esperar nada de ellas? En realidad, existen algunas cosas que tenemos derecho a esperar, pero también colocamos sobre la gente ciertas expectativas cuyo cumplimiento no es en absoluto su responsabilidad. Por ejemplo, mi gozo no es responsabilidad de mi esposo, aunque por muchos años pensé que lo era. Si él no hacía lo que me hacía feliz, me enojaba. Pensaba que él debía preocuparse más de mi felicidad y hacer las cosas de manera diferente. La causa del problema era *lo que yo pensaba, no lo que él hacía.*

Dave y yo tenemos muy pocos desacuerdos ahora que sé que mi gozo personal es mi propia responsabilidad, y no suya. Es bueno para Dave hacer cosas que me hacen feliz, así como es bueno para mí hacer cosas que a él le agradan, pero puedo decirle que hubo muchos años de mi vida en que prácticamente habría sido imposible que alguien me mantuviera feliz. Mis problemas estaban en mí.

Fueron el resultado del trato abusivo en mi niñez. Yo estaba llena de amargura, resentimiento, ira, enojo y autocompasión.

No había manera de que pudiera ser realmente feliz hasta que tratara con esas cosas. Dave no podía tratar con ellas: tenía que hacerlo yo. Estaba tratando de colocar sobre Dave la responsabilidad de compensar el dolor que él no había causado. Literalmente estaba tratando de castigarlo por el abuso injusto que otra persona había perpetrado.

A lo largo del tiempo, noté que sin importar cuán mal me comportara, Dave permanecía feliz. Eso me irritaba pero también me sirvió de ejemplo. Finalmente tuve hambre de la paz y el gozo que veía en su vida, que no dependían de ninguna de sus circunstancias. En otras palabras, él nunca me hacía responsable por su gozo. Si hubiera dependido de mí para que lo hiciera feliz, nunca habría disfrutado de la vida, porque yo no le daba ninguna razón para regocijarse.

Creo que muchas esposas tratan de hacer responsables a sus esposos por las cosas que sólo ellas pueden resolver. Si usted está culpando a su esposo o a otra persona por sus problemas, es necesario que recuerde que Satanás es su verdadero enemigo. Debemos asumir la responsabilidad por nosotras mismas, y dejar de esperar que los demás hagan por nosotras lo que nosotras deberíamos estar haciendo… o confiando en que Dios lo haga en nuestro lugar.

Si yo le hago un favor a alguien con la expectativa de recibir a cambio un favor similar, me estoy disponiendo para la desilusión. La otra persona probablemente no se da cuenta de mi expectativa, así que no es justo de mi parte enojarme cuando ella no esté a la altura de las circunstancias.

> *Debemos asumir la responsabilidad por nosotras mismas, y dejar de esperar que los demás hagan por nosotras lo que nosotras deberíamos estar haciendo… o confiando en que Dios lo haga en nuestro lugar.*

La Biblia nos dice que cuando damos un presente no debemos esperar nada a cambio. Dios es quien nos da lo que desea que tengamos según nuestra inversión y la actitud del corazón (vea Mateo 6:1-4).

A menudo creemos que la gente debería leer nuestra mente cuando, en realidad, deberíamos estar dispuestas a comunicarles claramente lo que esperamos de ellos.

Si le hago un favor a alguien con la expectativa de recibir otro favor a cambio, es necesario que se lo haga saber diciendo: "Estoy feliz de hacer esto o aquello por ti, y me pregunto si estarías dispuesto a hacer esto o aquello por mí". Eso aclara toda expectativa de modo que a nadie se le oculte nada.

Puedo decirle a Dave: "Bien, esperaba que te quedaras en casa esta noche". Pero si no le había comunicado mi deseo con anticipación, no es justo culparlo después por algo que él ni siquiera sabía que yo quería. Concuerdo en que algunas personas deberían ser más consideradas de lo que son, pero también deberíamos estar dispuestas a pedir lo que deseamos, y a humillarnos, siendo prontas para perdonar a quienes no cumplen nuestros deseos.

Si usted es una mujer que realmente desea tener relaciones pacíficas, la animo a que se examine y le pida a Dios que le revele cualquier expectativa poco realista que usted pueda tener respecto de otras personas.

Todos tenemos momentos en que tal vez hemos trabajado realmente mucho o soportado una prueba difícil, y necesitamos alguna bendición especial para equilibrar las cosas. A lo largo de los años he aprendido a pedirle a Dios que me dé ánimo cuando lo necesito. A veces, Él usa una persona para hacerlo, pero pongo mi expectativa en Él como mi fuente, y no en las personas.

Le pido que me provea el ánimo cuando siento que he alcanzado un lugar en la vida donde necesito que ocurra algo especial. Pasé muchos años enojándome con la gente cuando tenía momentos como ésos, porque miraba hacia ella para que me hiciera sentir mejor. Eso nunca produjo nada, excepto conflictos y ofensas. Debemos recordar que las personas no son nuestra fuente; Dios lo es.

Vaya a Dios, y si Él desea usar a las personas para bendecirla, lo hará; si no, confíe en que lo que Él elige es lo mejor para usted en el presente momento. No se predisponga a desilusionarse: sólo confíe en Dios y en su tiempo perfecto.

24

Prepare en su corazón un hogar para la Palabra de Dios

*P*arece que todos necesitan respuestas acerca de una u otra cosa en el complicado mundo actual, y muy a menudo buscan respuestas y consejo en fuentes no confiables en vez de ir a la fuente más confiable que existe en el mundo: *La Santa Biblia*.

A muchas personas no se les ha enseñado acerca de la Biblia, y no se dan cuenta de que contiene las respuestas para toda pregunta o necesidad que pueda surgir en sus vidas. Otros saben acerca de la Biblia, pero ya que han tenido una limitada exposición a sus muchas verdades, no se dan cuenta de que contiene algunas de las respuestas que ellos necesitan desesperadamente.

Durante muchos años asistí a una iglesia que me dio un gran fundamento bíblico acerca de la salvación, pero más allá de eso aprendí muy poco. Tenía muchos problemas en mi vida, pero no estaba teniendo victoria sobre ninguno de ellos. No sabía con certeza cómo buscar la paz que necesitaba con tanta desesperación.

No se me enseñó a estudiar la Palabra de Dios por mí misma, y debido a que no conocía la Palabra, no me daba cuenta de los muchos engaños que pueden inducir terriblemente al error a la gente. Por ejemplo, antes de estar en el ministerio, trabajaba en una oficina donde una compañera estudiaba astrología. Ella creía que la posición de los planetas y las estrellas dirigía su vida. En ese tiempo, las cosas que ella decía parecían tener sentido, y ya que no tenía conocimiento de lo que la Biblia enseña sobre ese tema, estaba lista para el engaño del diablo. Las cosas que ella decía captaban mi atención, pero, gracias a Dios, no me involucré en eso.

Es fácil obtener consejo de los psíquicos, tarotistas brujos, y personas entrenadas en la adivinación que quisieran acabar con la vida de la gente. Ellos pueden dar información que parece tener sentido, pero eso no dará una paz duradera a la vida de la persona. Dicha paz sólo puede hallarse en una relación personal con Dios y por medio del conocimiento y la sabiduría que se halla en la Santa Biblia.

Cuando recuerdo esos primeros años de creyente, lamento decir que nadie en mi iglesia me dijo que no siguiera las voces engañosas. Nadie me advirtió que la Biblia claramente dice que quienes practican esta clase de cosas no entrarán en el reino de los cielos (Apocalipsis 21:8). Tenemos que seguir a Dios, no a los psíquicos, astrólogos, mediums, tarotistas, ni ninguna otra cosa semejante. La Palabra de Dios dice claramente que estas cosas son abominación para Él. Para disfrutar la paz, debemos ser guiados por el Señor de Paz.

La paz es nuestra herencia por medio de Jesús, pero a menos que leamos su Palabra y aprendamos cómo apropiarnos de ella, podemos perder lo que legítimamente es nuestro. Por esa razón es tan importante que preparemos un hogar para la Palabra de Dios en nuestro corazón. Al estudiar diligentemente la Palabra y guardarla en nuestro corazón, conoceremos la verdad, y descubriremos la verdadera paz y la satisfacción.

Colosenses 3:15 nos enseña que la paz tiene que ser el "árbitro"[a] en nuestra vida, resolviendo todo asunto que requiera una decisión. Para obtener y mantener la paz en nuestro corazón, debemos tomar decisiones basadas en lo que dice la Palabra de Dios.

> *Para obtener y mantener la paz en nuestro corazón, debemos tomar decisiones basadas en lo que dice la Palabra de Dios.* ☙

Muchas personas andan por la vida tomando decisiones por sí mismas, sin consultar el libro que es la fuente más confiable jamás escrita, y muy a menudo sus decisiones traen penas y problemas. Pero tal resultado puede evitarse buscando la dirección y la guía en la Biblia y permitiendo que la paz de Cristo gobierne en nuestro corazón.

Le animo a que sea una mujer sabia preparando un hogar para la Palabra de Dios en su corazón. Consúltela con frecuencia y permita que la presencia de paz le ayude a decidir y a resolver de modo terminante todas las preguntas que surjan en su mente. Si deja que la Palabra tenga un hogar en su corazón y en su mente, le dará comprensión, inteligencia y sabiduría (vea Colosenses 3:16). No tendrá que preguntarse: *¿Debería o no debería?* La Palabra será lámpara a sus pies y lumbrera en su camino (vea Salmo 119:105).

a. La palabra griega βραβεύω *brabeúo* (G1018) significa *arbitrar*, i.e. (gen.) *gobernar* (fig. *prevalecer*): gobernar. (Strong, James: *Nueva concordancia Strong exhaustiva de la Biblia.* Ed. Caribe, 2002.)

25

Aprenda a ser sabia en sus palabras

Las palabras son recipientes de poder, sea creativo o destructivo. Lo que decimos puede deshacer o construir...animar o desanimar. El Salmo 19:14 dice: "Sean, pues, aceptables ante ti mis palabras y mis pensamientos, oh Señor, roca mía y redentor mío". No es aceptable para Dios cuando usamos nuestra boca para herir o destruir. Efesios 4:29, 30 nos enseña a no contristar al Espíritu Santo, y da claras instrucciones con respecto a lo que lo entristece:

"Eviten toda conversación obscena. Por el contrario, que sus palabras contribuyan a la necesaria edificación y sean de bendición para quienes escuchan. No agravien al Espíritu Santo de Dios, con el cual fueron sellados para el día de la redención."

Como mujeres, tenemos esferas únicas de influencia, y el Espíritu Santo es quien camina junto con nosotras y nos anima en todo lo que hacemos. Su aliento nos ayuda a ser todo lo que Dios diseñó que fuéramos. Tenemos que tomar su ejemplo y ejercer un ministerio similar para quienes están en nuestro pequeño rincón del mundo.

¡Las personas necesitan ser alentadas! Hay suficiente desánimo y respuesta negativa que proviene del mundo. Y nosotras tenemos la oportunidad de operar en un sistema superior al del mundo. Con el Espíritu de Dios como nuestro Ayudador, podemos ser positivas aun en circunstancias negativas. Podemos creer en la gente en la cual nadie más creería. Cuando tengamos la oportunidad, el amor nos ayudará a creer lo mejor de cada persona y a usar nuestra boca para brindar ánimo. Las palabras escogidas de manera apropiada en realidad pueden cambiar las vidas para mejorarlas.

Satanás está atacando ferozmente a las familias hoy en día. Y como mujeres de Dios, no debemos ser parte de sus planes malignos. Debemos tener cuidado de no herir a los miembros de nuestra familia regañándolos por sus faltas y dejando así una puerta abierta para las mentiras del enemigo. Por supuesto, debemos corregir a nuestros hijos, y hay problemas que deben ser confrontados entre los cónyuges. Pero el hallar faltas en exceso está arruinando muchas relaciones y trayendo destrucción a incontables hogares y vidas. El hallar faltas en todo y la crítica son espíritus enviados del infierno para traer destrucción. La Palabra de Dios condena el hallar faltas en todo, junto con las riñas y la queja.

Sólo piense en eso, como mujeres de Dios podemos usar nuestra boca y el poder de nuestras palabras para sanar las relaciones o destruirlas. Santiago 3:5, 6 nos muestra que los mayores problemas se originan en palabras equivocadas: "Así también la lengua es un miembro pequeño, pero se jacta de grandes cosas. He aquí, ¡cuán grande bosque enciende un pequeño fuego! Y la lengua es un fuego, un mundo de maldad. La lengua está puesta entre nuestros miembros, y contamina todo el cuerpo, e inflama la rueda de la creación, y ella misma es inflamada por el infierno".

Usted debe darse cuenta de que algunos de los problemas en sus relaciones o circunstancias pasadas han sido generados por las palabras erróneas que administran el poder negativo. Si es así, es lamentable, pero la buena noticia es: *¡las palabras correctas pueden afectar su futuro de manera positiva!* Averigüe lo que dice la Palabra de Dios acerca de sus promesas y lo que está disponible para usted como creyente, y después *usted puede profetizar su futuro.* Usted tiene el privilegio de llamar "las cosas que no son como si ya existieran" (Romanos 4:17). Usted puede tomar las palabras llenas de fe y entrar en el ámbito espiritual, y comenzar a sacar del depósito de Dios la manifestación de esas cosas que Él nos ha prometido.

> *Las palabras escogidas de manera apropiada realmente pueden cambiar las vidas para mejorarlas.* ᴄᴏ

Hay un uso correcto y un uso incorrecto de la boca. Nuestras bocas deberían pertenecer al Señor, y deberíamos disciplinar lo que sale de ella. Mateo 15:11 afirma que no es lo que entra por la boca lo que nos contamina, sino lo que sale de ella. Deberíamos hablar sus palabras y usar nuestra boca para sus propósitos. Proverbios 4:24 dice: "Aleja de tu boca la perversidad; aparta de tus labios las palabras corruptas". Esta escritura nos enseña a disciplinar nuestro hablar. Ninguna cosa contraria a la Palabra de Dios debería escaparse de nuestros labios.

La Biblia dice que ningún hombre puede domar la lengua. Por lo tanto, necesitamos la ayuda abundante del Espíritu Santo para tener la victoria en esta área. Le recomiendo que ore diariamente: "Señor, que las palabras de mi boca y la meditación de mi corazón sean gratas delante de ti". Y con el salmista David, ore que Dios guarde su camino, para no pecar con su lengua (vea Salmo 39:1).

26

Lecciones del campo de entrenamiento de los años de silencio

Como he estudiado la Biblia a lo largo de los años, he aprendido que la mayoría de los hombres y mujeres que Dios usó grandemente tuvieron que pasar por algunos años de silencio. Estos eran periodos de sus vidas en que Dios parecía esconderlos mientras trabajaba en ellos y realizaba en sus caracteres los cambios que eran necesario para sus misiones futuras. Ellos ingresaban a estos periodos de una manera y salían transformados.

No fue diferente para mí. Dios tuvo que tratar conmigo, y fue doloroso. Llevó mucho más tiempo del que yo esperaba o planeaba, y fue mucho más doloroso que lo que jamás pensé que podría soportar.

Fue emocionante el día que Dios me llamó al ministerio, pero no me daba cuenta por lo que tendría que pasar a fin de estar preparada para el llamado. Si lo hubiera sabido, podría no haber dicho que sí. Supongo que por esa razón Dios esconde ciertas cosas de nosotros y nos da la gracia para cada una mientras pasamos por ellas. Hay algunas cosas que simplemente no es necesario que sepamos con antelación. Sólo es necesario que sepamos que Dios dijo que Él nunca permitirá que venga sobre nosotros más de lo que podemos soportar.

Puedo parecer buena a la gente ahora cuando salgo a la plataforma para ministrar a los demás, pero deberían haber visto cómo era durante los años de silencio, mientras estaba siendo preparada para este ministerio. Puedo contarle que no era una linda escena.

Por cierto no fui siempre una mujer de fe. Experimenté altibajos emocionales, mucho enojo cuando las cosas no salían a mi manera. Fue muy difícil para mí aprender a estar sumisa ante la autoridad. No comencé con mucho fruto del Espíritu operando a través de mí. La semilla estaba en mi espíritu, pero tenía que desarrollarse. Siempre debemos recordar que los dones se otorgan, pero el fruto debe ser desarrollado.

Podemos tener un don que nos puede llevar a algún lado pero no tener el carácter para mantenernos allí, si no nos sometemos al campo de entrenamiento de Dios.

Antes de que estuviera en la radio y televisión internacional, antes de que mucha gente supiera que yo existía, experimenté los "años de silencio", durante los cuales tuve mi sueño y la visión de Dios, pero no se abrían grandes puertas para mí. Tenía pocas oportunidades, pero no una visión pequeña; por lo tanto, la mayoría del tiempo me sentía frustrada y desagradecida por lo que se me permitía hacer.

Oh, necesitaba cambiar mucho y todavía lo necesito, pero ahora comprendo el proceso. Siento pena por las personas que luchan con Dios toda la vida, sin comprender ni aceptar jamás lo que Él realmente trata de hacer por ellas. Debemos confiar en Dios en los tiempos difíciles. Debemos adorar en el desierto, no sólo en la Tierra Prometida. Los israelitas adoraron a Dios después de cruzar el Mar Rojo y estuvieron seguros. Cantaron y danzaron. Cantaron la canción correcta pero en lado equivocado del río. Dios quiere oír nuestra alabanza *antes* de que experimentemos la victoria.

Tuve años en que el diablo me decía una y otra vez que estaba loca, que no había sido llamada por Dios y que yo misma me pondría en ridículo y fracasaría. Me aseguraba que nada de lo que yo hiciera daría buen fruto. Él me decía que el sufrimiento y el dolor nunca acabarían. Me decía que era una loca por creer en algo que no podía ver.

Dios quiere oír nuestra alabanza antes de que experimentemos la victoria.

Pero Dios me dio gracia para seguir adelante, y poco a poco cambié, "de gloria en gloria" (2 Corintios 3:18, RV60), y cuando lo hice, las cosas en mi vida también comenzaron a cambiar. Descubrí que Dios suelta para nosotros lo que podemos manejar de manera apropiada. Ahora no quiero nada que Dios no desee para mí.

He cambiado tanto que a veces apenas puedo recordar cómo era. Sé que fue sumamente desagradable, pero cuando los años de silencio acabaron, estaba contenta por la obra que Dios ha hecho en mí por su gracia. No me gustaban, ni los entendía, pero sin ellos no sería quien soy ni estaría donde estoy.

Si está experimentando actualmente algunos años de silencio en su vida, la animo a darse cuenta de que éste es el campo de entrenamiento de Dios. Él está edificando en su vida exactamente lo que es necesario para que usted sea la mujer de Dios efectiva, ungida y poderosa que pueda cumplir todo lo que Él la ha llamado a hacer.

Si está preocupada o molesta por todos los cambios necesarios en usted, ¿por qué no entra al reposo de Dios? Luchar no la va a cambiar, ni tampoco la frustración ni la preocupación. Pero el creer y el confiar en Dios y el entrar en su reposo durante el proceso hará que sea más fácil. Y los cambios necesarios ciertamente vendrán.

Así que colóquese en las manos de Dios y relájese: las lecciones que usted aprenda en el "Campo de Entrenamiento de Dios de los Años de Silencio" la transformarán en una mujer de Dios poderosa que esté equipada para marcar una diferencia en el reino de Dios.

27

Usted puede ser una mujer de poder

Demasiadas mujeres hoy en día son pusilánimes, débiles en su determinación, y enfermas con una actitud de "no puedo": carecen de poder. Pero no tiene que ser de ese modo. Como hija de Dios, a usted se le ha conferido poder, y todo lo que necesita hacer es darse cuenta, y entonces andar en lo que ya es suyo.

Lucas 10:19 dice: "Sí, les he dado autoridad a ustedes para pisotear serpientes y escorpiones y vencer todo el poder del enemigo; nada les podrá hacer daño".

Bueno, ¡esas son buenas noticias! Podemos recibir todo lo que Dios ha provisto en Cristo por medio de la fe. Es muy importante que creamos continuamente que tenemos poder, y lo hacemos desarrollando una "conciencia del poder". Satanás quiere que nos sintamos débiles y creamos que como mujeres, somos inútiles e incapaces de ser poderosas. Quiere que creamos y apliquemos a cada aspecto de nuestra vida la mentira de que "no podemos".

Pero si adoptamos una postura osada contra el diablo replicándole usando la Palabra de Dios como arma, podemos paralizarlo. Primera de Pedro 5:9 dice: "Resístanlo, manteniéndose firmes en la fe".

Recientemente, recibí una carta de una mujer que me decía que "resistir (al diablo) firme en la fe" era una de las cosas más valiosa que había aprendido de mí. Creo que demasiado a menudo esperamos ver cuán difícil se torna un problema antes de hacer algo al respecto. Finalmente, decidimos tratar el asunto cuando ya estamos tan enredados que es difícil salir.

Pero Dios nos ha conferido poder espiritual para la guerra espiritual, osadía que va más allá del ámbito físico o natural. Este poder es un arma efectiva en el reino del espíritu. Debemos resistir al enemigo rehusando rendirnos sin importar cuán difícil pueda ser la lucha. El poder espiritual se libera cuando nuestra fe es firme. La mujer que camina en fe afrontará cada situación con una actitud de fe ¡que derrota al enemigo!

Intente afrontar cada situación de su vida (sin mirar lo grande o pequeña que sea) con una fe sencilla, de niño, creyendo que Dios es bueno y que tiene un buen plan para su vida. Y recuerde que Él está obrando en cada situación ahora mismo. El hecho de que todavía no podamos ver el resultado, no significa que Él no esté trabajando secretamente detrás de escena.

Dios suele usar sus poderes creativos en secreto. Piense en toda la obra milagrosa que ocurre en el vientre de una madre cuando espera el nacimiento de un niño. El vientre es un lugar secreto donde el ojo no puede ver, pero cuando es el tiempo de Dios para el nacimiento, ¡Él saca a luz el milagro! Lo mismo ocurre con muchas de nuestras circunstancias. Dios está obrando, y cuando creemos fielmente en su tremendo poder, el milagro llega en su tiempo perfecto.

Una actitud de confianza irradiará de la mujer que sabe que está en Cristo y cree en el poder que la Biblia dice que es suyo por medio de la fe. Cuando desarrollamos una conciencia del poder, podemos acercarnos al trono de Dios confiadamente (Hebreos 4:16), y orar osadamente. Efesios 3:20 nos dice que Dios puede hacer más de lo que podemos atrevernos a esperar, pedir o entender. Deberíamos ser osados espiritualmente en nuestras oraciones. Valientemente oro por cosas que sé que no merezco, pero avanzo en fe, creyendo en la misericordia y la bondad de Dios. Creo que me bendecirá porque Él es bueno, no porque yo lo sea.

> *La mujer que camina en fe afrontará cada situación con una actitud de fe ¡que derrota al enemigo!* ∽

Sea una osada mujer de Dios. *Tenga una voz osada*, hablando positiva, terminante, clara y confiadamente. *Sea una osada dadora*. No dé el monto menor, sino considere cuánto podría dar cómodamente y entonces deliberadamente dé un poco más. ***Trabaje osadamente***. No tenga temor de su trabajo diario, ataque su trabajo con una actitud que diga: "¡Voy a conquistar este proyecto!". Y lo más importante, ***ame osadamente***. El amor es una elección, no un sentimiento. Es una decisión que usted debe tomar cada día. Es un esfuerzo, y le costará algo, pero usted tiene el poder para hacerlo, y las recompensas son magníficas. Será una mujer de fe y de poder que no sólo disfrutará la vida confiadamente cada día, sino que será una maravillosa testigo para otros del poder y la bondad de Dios.

28

¡Usted es una mujer justa!

¿Se da cuenta de quién es usted? Según la Palabra de Dios, usted es justicia de Dios en Cristo Jesús. Segunda de Corintios 5:21 nos dice que: "Al que no cometió pecado alguno, por nosotros Dios lo trató como pecador, para que en él recibiéramos la justicia de Dios". Justa, perfeccionada, y completa. ¿Eso suena como una descripción de usted?

Si lo encuentra difícil de creer, le recuerdo que todo lo que Dios dice es verdad, y Él dice que usted es una mujer perfeccionada y completa en Él. Cuando comience a creer eso, nunca más sentirá que algo le falta o que hay algo mal en usted.

Juan 3:16 dice: "Porque tanto amó Dios al mundo, que dio a su Hijo unigénito, para que todo el que cree en él no se pierda, sino que tenga vida eterna". ¿Usted es un "todo el que"? Por favor, observe que no hay requisitos especiales. La Palabra dice: "todo aquel que cree en él".

Como yo, usted puede haber pasado años de su vida en luchas y vanas obras de la carne. El Señor me mostró un día que yo había pasado mi vida tratando de conseguir una silla en la cual ya estaba sentada. Piense qué frustrante sería bregar para llegar a un lugar donde usted ya estaba, y cuán liberador descubrir que estaba allí y poder detener la brega. Aquí es donde entramos al reposo de Dios mencionado en Hebreos 4. Había estado tratando de ser justa o aceptable para Dios por medio de mis obras, y ya había sido hecha justa y aceptable por medio de Jesús. Efesios 1:6 nos dice que hemos sido hechos aceptos en el Amado (RV60). ¡Eso me encanta!

Esto nos ayuda a comprender por qué se hace referencia al Evangelio como buenas noticias. ¿No son buenas noticias que su aceptación ante Dios no se base en lo que usted obra, sino en que usted crea en la obra de Cristo? Jesús fue perfecto por usted y por mí. Él sufrió y murió en nuestro lugar y pagó la deuda que nosotros teníamos.

Es necesario que aprendamos a identificarnos con la obra sustitutiva de Jesús. Un *sustituto* es "alguien o algo que toma el lugar de otro". *Identificarse con* significa "sintonizar con, o transferir la respuesta a un objeto considerado como idéntico a otro".

Por ejemplo, digamos que un niño rompe la ventana de un vecino y el vecino enfurecido está justamente enojado con él. Sin embargo, se da cuenta de que el niño no tiene capacidad para hacer lo correcto, así que transfiere su enojo hacia usted como padre del niño, quien paga por el daño. Y como el padre toma el lugar del niño, el vecino ya no está más enojado. Esto es buena noticia, y es exactamente lo que Dios ha hecho por nosotros en Cristo.

Cuando quebramos las leyes de Dios, Él está justamente enojado, y tenemos una deuda. Sin embargo, Dios se da cuenta de que no tenemos la capacidad para pagar la deuda o cumplir su ley perfectamente. De modo que va a Jesús, quien se hace cargo de ella en lugar de nosotros. Y debido a eso, se restaura nuestra comunión con Dios. ¡Guau! Esto requiere tiempo para meditar. ¡Algunas cosas son tan buenas que no podemos asimilarlas inmediatamente!

Muchas mujeres tienen una crisis de identidad. Simplemente no saben quiénes son en Cristo. Se identifican con sus pecados, fallas, y comparaciones con otras mujeres, y su propia capacidad para arreglárselas, en vez de identificarse con Cristo o su obra sustitutiva en la cruz.

Según la Palabra de Dios, usted es justicia de Dios en Cristo Jesús. ∽

Crea lo que dice la Palabra acerca de usted y comience a disfrutar la vida que Jesús le proveyó. Honramos a Dios cuando creemos a su Palabra por encima de lo que pensamos o sentimos. Me gusta meditar en 2 Corintios 5:17, que dice: "Por lo tanto, si alguno está en Cristo, es una nueva creación. ¡Lo viejo ha pasado, ha llegado ya lo nuevo!".

Permita que éste sea un nuevo día en el que comience a verse a usted misma de una manera nueva. Mire por los ojos de la fe y vea como una niñita. Dios está esperando con los brazos abiertos.

29

Esperanza para la mujer sola

Muchas mujeres están solas en el mundo de hoy. Incluso quienes tienen a otros a su alrededor suelen decir que se sienten solas. La muerte de un cónyuge u otro ser amado puede dejarla sola y confusa y además con un sentimiento de abandono. Sin embargo, sus circunstancias no tienen que ser tan graves para colocarla en la categoría de sola.

Quizás sencillamente se haya mudado a un nuevo vecindario en otra ciudad, haya comenzado a asistir a una nueva iglesia, o acabe de comenzar en un nuevo empleo, y parezca que todavía no se siente integrada. Sé cómo es el estar sola.

Por años el diablo me convenció de que yo no le agradaba a nadie. Yo creía eso, y recibía lo que creía. No me agradaba a mí misma, y entonces creía que tampoco podía agradarle a otro. El aprender a agradarme a mí misma y orar para tener favor ha cambiado mi vida, y cambiará la suya. La "pobreza" social no es parte de nuestra herencia del Señor.

Tenga cuidado de ser pasiva. No espere simplemente que alguien llegue a su vida antes de estar dispuesta a tener comunión. Encuentre a alguien que esté más sola que usted y sea una bendición para los demás. El dar siempre trae gozo a su vida. Sea amigable y agradable y atraerá a su alrededor a otros que también lo son.

El tiempo tiene propiedades sanadoras, y finalmente traerá nueva dirección a su vida.

Muchas mujeres sienten que la vida es más dolorosa de lo que pueden soportar. Si eso es cierto en su caso, la animo a que recuerde a Jesús en el Huerto de Getsemaní. Juan el Bautista, la persona más cercana a Jesús, y el único que realmente comprendía el ministerio de Jesús, había sido asesinado violentamente. Todos los amigos de Jesús lo habían decepcionado. Él los había ministrado durante tres años, y ahora que los necesitaba para que pasaran una hora final con Él, no habían podido permanecer despiertos.

Lucas 22:44 registra que Jesús estaba bajo una presión mental tan intensa que su sudor era semejante a grandes gotas de sangre. Creo que se da cuenta de que Jesús sí sabe cómo se siente usted; ha prometido no dejarla nunca ni abandonarla, para que sea fortalecida para seguir adelante.

Las cosas siempre están cambiando, y la forma en que se siente ahora cambiará con el tiempo. El tiempo tiene propiedades sanadoras, y finalmente traerá nueva dirección a su vida.

También creo que las mujeres que se sienten solas pueden aprender a disfrutar el estar solas. Hay una gran diferencia entre sentirse sola y estar sola. También hay una diferencia entre estar sola y estar aburrida. No hay ninguna necesidad de que usted viva una vida de aburrimiento. Hay demasiada gente que necesita ayuda como para que alguien se aburra. Usted puede verse a sí misma como una mujer necesitada, pero debería verse como una mujer que puede satisfacer necesidades. Cuando se extienda para alcanzar a otros, estará sembrando semillas para vencer su propia soledad.

Dios tiene un buen plan para su vida. "Porque yo sé muy bien los planes que tengo para ustedes afirma el Señor, planes de bienestar y no de calamidad, a fin de darles un futuro y una esperanza" (Jeremías 29:11). Anímese con esta escritura. Además elija realizar una acción inspirada por Dios ahora mismo. ¡Esto puede ser un nuevo comienzo para usted!

30

No deje que Satanás le robe su futuro

No puedo evitar notar cuán a menudo oigo a las mujeres culpar a algo o a alguien por el lío en el que se hallan envueltas, cuando la mayor parte del tiempo están en una situación negativa debido a las elecciones equivocadas que realizaron en el pasado. Cosechamos los beneficios de la sabiduría cuando realizamos elecciones correctas. Pero si hacemos cosas insensatas, cosecharemos la consecuencia de la necedad. Proverbios 19:3 dice: "La insensatez del hombre tuerce su camino, y luego contra Jehová se irrita su corazón" (RV60).

Sólo conozco una forma de superar los resultados de una serie de malas decisiones, y es por medio de una serie de buenas decisiones. Somos libres para elegir lo que pensamos, lo que hacemos, con quién queremos estar, y muchas otras cosas más. La libertad de elección es maravillosa, por supuesto. Gracias a Dios, Él nos ha dado el privilegio de tomar nuestras propias decisiones. Sin embargo, hay algunas responsabilidades implícitas en la libertad de elección.

Muchísimas mujeres quieren que sus vidas cambien, pero no desean cambiar su estilo de vida. El cristianismo es un estilo de vida, y comienza con una oración de compromiso con Jesucristo.

Pero Dios desea que creamos sus promesas porque eso es lo que hará que se cumplan en nuestra vida. ✑

Luego mientras avanzamos en el conocimiento de las verdades de la Palabra de Dios, somos capaces de tomar confiadamente buenas decisiones acerca de nuestro futuro. Me gustaría tanto ver que las mujeres comiencen a comprender la necesidad de orar por una conciencia sensible, de modo que podamos mantener en nuestra vida un estándar piadoso que dé esperanza a las mujeres de todo lugar. El cristianismo debe convertirse en un estilo de vida para las mujeres. Punto.

La Biblia dice que tenemos que depositar toda nuestra confianza en Cristo. Somos ungidas, y Dios promete conducirnos y guiarnos. Isaías 30:21 dice: "Ya sea que te desvíes a la derecha o a la izquierda, tus oídos percibirán a tus espaldas una voz que te dirá: 'Éste es el camino; síguelo'". Debemos a prender a prestar mucha atención y ser sensibles a Dios. Isaías continúa diciendo en el capítulo 45:2: "Marcharé al frente de ti, y allanaré las montañas; haré pedazos las puertas de bronce y cortaré los cerrojos de hierro". Sin duda al respecto, Satanás ha preparado un camino sinuoso delante de nosotras. Pero Dios desea que creamos sus promesas porque eso es lo que hará que se cumplan en nuestra vida.

"Engrandécela, y ella te engrandecerá; ella te honrará, cuando tú la hayas abrazado… Por el camino de la sabiduría te he encaminado, y por veredas derechas te he hecho andar. Cuando anduvieres, no se estrecharán tus pasos, y si corrieres, no tropezarás" (Proverbios 4:8, 11, 12, RV60).

Tener una profunda comprensión de los caminos y propósitos de Dios, es mi definición de sabiduría. Su camino será claro y abierto cuando usted camine en sabiduría. La Palabra nos dice que Jesús nos ha sido hecho sabiduría (vea 1 Corintios 1:30). Si Jesús vive en usted, entonces su sabiduría está siempre presente y continuamente disponible para usted. Cuando usted afronta una decisión difícil, la sabiduría está de pie justo a su lado gritando: "Escúchame. No hagas lo que tengas ganas de hacer ni digas lo que tengas ganas de decir. Sigue a Dios y a su Palabra. Eso es el principio de la sabiduría".

Quizás usted ha tomado algunas malas decisiones. No se lamente ni entristezca por ellas. Es hora de elegir la sabiduría y comenzar a vivir una vida victoriosa que Satanás no puede robarle. El caminar en victoria no significa que tendrá un futuro libre de problemas, sino que, cuando los problemas vengan, usted podrá manejarlos tomando las decisiones adecuadas. ¡No deje que Satanás le robe su futuro! Usted puede transformarse en una mujer que toma decisiones correctas…

comenzando hoy. La insto a que se vuelva a Dios y le lleve todas sus situaciones a Él. ¡Sus bendiciones la están esperando!

31

Mujeres y motivos

$\mathcal{D}$ios comenzó a tratar conmigo acerca de los motivos hace muchos años cuando acababa de iniciar mi ministerio. Ésta fue una lección nueva para mí. Yo era una obrera. Siempre estaba ocupada con alguna clase de proyecto, y gran parte de mi trabajo involucraba actividades de la iglesia que se habrían considerado "buenas acciones". Cuando Dios comenzó a cavar más profundo en el *por qué detrás del qué*, empecé a darme cuenta de que mucho de lo que hacía parecía ser para los demás, pero en realidad era para mí. Me hacía ver buena… me hacía sentir bien acerca de mí misma. Eso hacía que tuviera favor con "las personas apropiadas".

Aprendí que mucho de lo que estaba haciendo no era hecho en obediencia a Dios. Yo era una persona que agradaba al hombre. Hacía muchas cosas porque otros pensaban que debería o lo esperaban de mí. Sentí como si toda esta "nueva verdad" estuviera derrumbando mi vida, especialmente cuando Dios llegó al punto crucial de que no quería que yo hiciera nada a menos que mis motivos fueran puros.

Después de un corto periodo de tiempo, me sometí a Dios y tuve motivos puros, pero no sucedió rápidamente. Puedo decir categóricamente que cambié de gloria en gloria, poco a poco. Lleva un largo tiempo volverse lo suficientemente sincera con una misma para enfrentar la verdad acerca de los motivos. Luego, lleva aún más tiempo estar dispuesta a dejar las antiguas formas.

Jeremías 17:9 nos provee entendimiento en cuanto a lo difícil que es realmente conocerse a sí mismo. "Nada hay tan engañoso como el corazón. No tiene remedio. ¿Quién puede comprenderlo?"

Es relativamente fácil para las mujeres engañarse a sí mismas. Cuando queremos o no queremos algo, nuestra mente y emociones se unen con nuestra ya determinada voluntad de ayudar a la carne a salirse con la suya. A menos que una mujer esté sinceramente dispuesta a andar en el Espíritu —a seguir la voluntad de Dios en vez de la suya propia— no es difícil encontrar excusas por la falta de paz o la sensación de que algo no está bien.

Recuerdo ahora, y me doy cuenta de que en muchas de mis "obras de la carne", Dios estaba tratando de hacerme saber que mis motivos no eran correctos, que mis obras no le estaban agradando ya que no eran realizadas con un corazón puro. En ese tiempo, sin embargo, quería hacer lo que estaba haciendo de manera tan intensa que no iba a estar quieta el tiempo suficiente como para averiguar si Dios realmente me estaba dando convicción. Temía que Él pudiera decirme que no lo hiciera, y para evitar afrontar eso, me engañé a mí misma pensando que lo que sentía era del diablo, o mi imaginación.

¿Y usted? ¿Cuán puros son sus motivos? Colosenses 3:15 dice que deberíamos seguir la paz, y dejar que ella sea el árbitro de nuestra vida. La paz debería decidir si algo está bien o no, no una paz carnal (porque la carne se esté saliendo con la suya) sino una profunda paz que sólo Dios puede dar. Su paz es su aprobación.

Observe por qué hace las cosas. No viva en un remolino de hacer, sin detenerse nunca a preguntar si sus actos realmente complacen a Dios. Muchas mujeres hacen cosas porque otras personas quieren o esperan de ellas que lo hagan. Hacen cosas por temor a perder sus amigas, o a ser juzgadas de manera crítica. Esto para mí fue una lección difícil de aprender. Yo deseaba aceptación, pero rápidamente encontré que no podía ser alguien que complaciera a los hombres y agradara a Dios. Si hacía algo sólo

Nada hay tan engañoso como el corazón. No tiene remedio. ∞

porque mis amigos me empujaban a hacerlo —aunque supiera en mi interior que Dios no quería que me involucrara en eso— mis motivos eran impuros, y a Dios no le agradaba.

Creo firmemente que Jesús merece que las mujeres que le sirven tengan razones puros. Personalmente, creo que esto es algo que puedo intentar hacer para honrarlo a Él. A mi carne puede no gustarle pero mi espíritu se regocija. Hay un precio que pagar pero las recompensas son ricas. Dios es un inversor. Él estuvo dispuesto a pagar el precio para redimir a los suyos. ¿Nosotras estamos dispuestas a pagar el precio para tener pureza en nuestra vida, pureza en los motivos, pensamientos, actitudes, palabras y acciones? Recuerde, Mateo 5:8 promete que los puros de corazón serán bienaventurados porque ellos verán a Dios.

32

La belleza de la sumisión

$\mathcal{C}$asi lo puedo oír. *¿Qué cosa pudo estar pensando Joyce al titular esta historia "La belleza de la sumisión"?* De mujer a mujer... entre nosotras las chicas, el asunto de la sumisión nunca es un tema favorito, ya sea en la relación matrimonial, padre e hijo o empleador y empleado. Incluso en la iglesia, a menudo se la ha malentendido y a veces se la ha usado como una excusa para manipulación, control y hasta abuso.

No obstante, Dios estableció todo en el universo sobre la base de la autoridad y la sumisión a dicha autoridad. ¿Cuál fue su propósito al hacer eso? ¿Por qué dio Dios libertad a Adán y Eva para comer de todo árbol del huerto excepto uno? Creo que su meta al prohibirles comer del fruto de aquel árbol fue enseñarles obediencia. No hay manera de aprender obediencia si no es por un estándar de limitaciones establecido.

No sé de ninguna mujer nacida de nuevo, llena del Espíritu Santo que no desee actuar en la autoridad que la Biblia enseña que se le ha dado. Con todo, vemos que muy pocas actúan con ella. ¿Por qué? ¿Podría ser que muchas no hayan aprendido a someterse a la autoridad *natural*? Hasta que sepamos cómo estar bajo la autoridad natural, no operaremos en autoridad *espiritual*.

La vida cotidiana nos ofrece oportunidades en las que surge la sumisión a la autoridad natural.

> *No hay manera de aprender obediencia si no es por un estándar de limitaciones establecido.* ∞

Obviamente, una fundamental en la mente de la mayoría de las mujeres es la relación matrimonial. La Palabra trata el tema de la sumisión marital a través del Nuevo Testamento. Por ejemplo: "Sométanse unos a otros, por reverencia a Cristo. Esposas, sométanse a sus propios esposos como al Señor. Porque el esposo es cabeza de su esposa, así como Cristo es cabeza y salvador de la iglesia, la cual es su cuerpo" (Efesios 5:21-23).

Mi esposo Dave tiene unción para ser la cabeza de nuestra familia, y la unción fluye desde la cabeza. Si tengo una actitud negativa hacia Dave, y no estoy de acuerdo con él, la unción que está sobre Dave no fluye hacia mí. Si continúo estando desagradable o negativa, este conflicto en nuestra relación puede afectar otros asuntos familiares. Sin embargo, si permanezco bajo la cobertura de Dave, Dios puede traer una respuesta a esas cuestiones y podemos tratarlas con facilidad.

Sin embargo, esto no puede suceder si no estoy dispuesta a ser obediente al Espíritu Santo. Para vivir en armonía, debemos perdonar rápidamente y a menudo. No debemos ofendernos fácilmente. Deberíamos ser generosos en misericordia y paciencia. No podemos ser egoístas, y aquí es donde entra la humildad. Se requiere humildad para reaccionar correctamente a la autoridad.

¡Las mujeres humildes obtienen ayuda! Primera de Pedro 5:6 exhorta: "Humíllense, pues, bajo la poderosa mano de Dios, para que él los exalte a su debido tiempo". Como mujeres cristianas, deberíamos tener una actitud de humildad, sabiendo que apartadas de Él, nada podemos hacer (vea Juan 15:5). Nuestra carne quiere ser independiente, y Dios insiste en una total dependencia de Él.

Seguir sus instrucciones nos conducirá a la victoria. Ignorarlas nos trae derrota. La Palabra de Dios es muy clara respecto de la sumisión en el matrimonio. No obstante hoy en día la mayoría de los matrimonios están en problemas. ¿Por qué? Resulta claro que no estamos siguiendo sus instrucciones. Un esposo que realmente ama a su esposa tiene la responsabilidad de ser cabeza de su esposa como Cristo es la Cabeza de la iglesia. Los esposos deben tomar su lugar como sumos sacerdotes de sus hogares. Deberían seguir a Dios, y su familia debería seguirlos a ellos.

Aunque debemos someternos debidamente a la autoridad en nuestras vidas, debemos confrontar y rechazar el control impío. Permitir que otros nos controlen nos hace tan culpables como ellos. Por ejemplo, una mujer cristiana que está sufriendo abuso de parte de su esposo necesita entender que existen diferencias significativas entre sumisión y abuso. Nadie se ofrece para que otro abuse de él.

También es importante que evitemos tratar de ser el Espíritu Santo en las vidas de los demás dándoles indicaciones que vienen de nosotros antes que de Dios. No permita que la controlen, pero tampoco se convierta en una controladora. Durante años, literalmente me daba un ataque cada vez que las cosas no salían como yo quería. Cuando no podía controlar lo que sucedía, no era feliz. Obviamente, Dios tuvo que tratar con esa actitud carnal en mí. Hasta que aprendí a no ser controladora, Dios parecía ponerme constantemente en situaciones que no podía controlar, con personas que no podía controlar. Tuve que aprender a estar bajo su control.

¡Necesitamos orar por nuestros esposos y otros que tienen posiciones de autoridad sobre nosotros! Imagine lo que sucedería si una esposa —en lugar de llamar a todas sus amigas para quejarse de su marido— orara a Dios para que lo bendijera de manera radical y exorbitante. ¿Qué sucedería si ella orara para que él fuera más amoroso, afectuoso, y comprensivo cada día, incluso cuando llega a casa cansado, protestón e irrazonable? ¡Imagine que todas esas cosas negativas se conviertan en poderosas cosas positivas!

Si confiamos en que Dios nos bendecirá por medio de quienes tienen autoridad sobre nosotras, y no obstante no estamos orando por ellos, es como si no estuviéramos orando por nosotras mismas. Santiago 5:16 dice: "La oración del justo es poderosa y eficaz". Solo piénselo: ¡cuando oramos tenemos un poder tremendo a nuestra disposición! ¡Imagine la paz y la satisfacción que disfrutaríamos en nuestras vidas si oráramos constantemente por las personas que Dios ha puesto como

> *Aunque debemos someternos debidamente a la autoridad en nuestras vidas, debemos confrontar y rechazar el control impío.* ☞

autoridad sobre nosotros para que tengan bendición abundante en sus vidas!

En el lugar de trabajo, imagine lo que podría suceder si oráramos por el jefe o la jefa en lugar de protestar, criticar y quejarnos de él o ella, de la forma en que se dirige la empresa, o lo mal pagos que creemos estar. ¿Qué sucedería si nuestras oraciones tuvieran como resultado que nuestro jefe se convirtiera en una persona más feliz y satisfecha... y que toda esa felicidad y satisfacción se transmitiera a usted y a otros? Que vidas gloriosas y llenas de gozo podríamos tener si viviéramos como Jesús ordenó.

Creo que la sumisión piadosa es bella y vitalmente importante, no solamente para usted, sino para aquellos con quienes tiene una relación. Así como los niños aprenden que deben confiar en nosotros y seguir nuestras instrucciones, nosotros necesitamos confiar en Dios y seguir sus instrucciones. Su Palabra instruye, anima, e insta a los creyentes a vivir en paz porque Dios quiere que tengamos vidas bendecidas y poderosas. Jesús vino para que tengamos vida y disfrutemos de ella (vea Juan 10:10). Estoy decidida a seguir sus instrucciones, someterme alegremente, actuar en autoridad con clemencia, y disfrutar mi vida como una mujer de Dios comprada por sangre. ¿Qué me dice de usted?

33

Sanidad para su corazón quebrantado

Isaías 61:1 dice que Jesús sana a los de corazón quebrantado. Al tener antecedentes de abuso y de relaciones con gente disfuncional, sé por experiencia propia lo que significa necesitar que Jesús "restaure mi alma". Yo era rebelde, controladora, manipuladora, dura, crítica, y muy negativa. Estaba siempre preocupada y era muy inestable emocionalmente. Cuando las cosas resultaban como yo quería estaba de buen humor, y de muy mal humor cuando no era así.

Jesús sanó mi corazón quebrantado y mi personalidad herida. Sospecho que usted ha sufrido heridas que la han alejado y mantenido cautiva. Usted no desea ser alguien difícil de tratar, pero su personalidad, al igual que la mía, puede haber sido alterada por tragedias y abusos hasta que parece que se hubiera perdido a sí misma. Quizás lleva puestas tantas máscaras e interpreta tantos papeles que realmente ya no sabe qué se supone que deba ser.

Sé cómo se siente. Yo estuve presa en un alma sangrante y herida. Había construido muros de temor y desconfianza, diseñados para evitar que la gente me hiriera más. Pero estos muros protectores también me mantuvieron presa, aislada y sola.

No me di cuenta de que Jesús había abierto las puertas de la prisión. La Palabra dice que Él vino para "...El Espíritu del Señor omnipotente está sobre mí, por cuanto me ha ungido para anunciar buenas nuevas a los pobres. Me ha enviado a sanar los corazones heridos, a proclamar liberación a los cautivos y libertad a los prisioneros" (Isaías 61:1).

Cuando recibí la verdad de la Palabra de Dios y comencé a entender que no tenía que estar atrapada en mi pasado, empecé a experimentar sanidad emocional y liberación de las muchas ataduras que tenía en mi vida. No podemos ir más allá de lo que creemos. Cualquier cosa que creamos es así para nosotros. Aún cuando creemos mentiras, somos prisioneros de esas mentiras. ¿Por qué cree lo que cree? Romanos 12:2 nos enseña que hay que renovar la mente por completo. Solo entonces experimentaremos los planes predeterminados de Dios para nuestras vidas, y su plan es siempre el mejor para nosotros.

Satanás es un mentiroso que comienza temprano tratando de construir una fortaleza en nuestra mente. Las fortalezas se desarrollan cuando nos engañamos por creer las mentiras de Satanás. Pronto estamos atrapados en un laberinto de mentiras. La única forma de salir es que nuestra mente se renueve por la Palabra de Dios, ¡pero encontrar una nueva forma de vivir requiere encontrar una nueva forma de pensar!

Yo no creía que Dios me amara, y no recibía su amor. Estaba a mi alcance, pero yo tenía muchísimos temores, especialmente de lo que la gente pensaba de mí. También experimentaba mucho temor en cuanto a mi relación con Dios, lo que me hacía vivir de forma muy legalista. Servía al Señor bajo la ley en lugar de dejarme guiar por su Espíritu Santo. Mi andar cristiano me estaba consumiendo más que vivificando. Luchaba incansablemente y ni siquiera sabía por qué.

Es posible que usted reconozca algo del dolor que ha sentido al leer mi descripción de las heridas que sufrí en el pasado. Bueno, ¡tengo buenas noticias para usted! Jesús quiere hacer una obra de restauración completa en su vida. Quiere sanar su corazón lastimado, sus emociones, su mente y su voluntad. Quiere que experimente cada cosa buena que ha planeado para usted.

La insto a que le pida al Señor que tome su mano y la guíe a trasponer las puertas de la cárcel que Él mantiene abiertas para que usted pase. Pídale que limpie su corazón de toda amargura, resentimiento y

¡Encontrar una nueva forma de vivir requiere encontrar una nueva forma de pensar! ∞

falta de perdón. ¡Dios quiere hacer algo nuevo en usted! Le interesa cada parte de usted. Ha pagado el precio para redimirla. Permita que le devuelva todo lo que el enemigo le ha robado, y más todavía. ¡Deje de luchar y conviértase en heredera! Su herencia es justicia, paz, y gozo en el Espíritu Santo. ¿No es tiempo de que gaste su herencia y comience a disfrutar la calidad de vida que Dios mismo disfruta? ¡Hágalo ya!

34

Estabilidad emocional 101

Uno de los objetivos principales en la vida de una mujer cristiana exitosa, creo yo, debería ser la estabilidad emocional: la capacidad de ser emocionalmente estable en cualquier situación dada. "Más vale ser paciente que valiente", dice el autor de Proverbios, "más vale dominarse a sí mismo que conquistar ciudades" (Proverbios 16:32). Después de todo, somos mujeres, y experimentamos una amplia gama de emociones, pero para una mujer es duro vivir en una montaña rusa emocional. Para lograr que nuestras emociones se nivelen debemos tomar una decisión calificada de que no vamos a vivir según nuestras emociones.

Mi esposo, Dave, siempre ha sido emocionalmente muy estable. Si alguien comenzara a hablar negativamente de nosotros, yo me pondría nerviosa y Dave diría: "Nosotros no tenemos el problema; la gente que habla de nosotros sí. Nuestros corazones son rectos delante de Dios, entonces ¿por qué deberíamos molestarnos? Relajémonos y confiemos en que el Señor se encargará de todo".

El carácter firme y constante de David me recuerda a una roca, que es uno de los nombres que se le dio a Jesús (vea 1 Corintios 10:4). Jesús se llama la Roca porque es sólido y estable: "Jesucristo es el mismo ayer y hoy y por los siglos" (Hebreos 13:8). Jesús no se permitió a sí mismo moverse o guiarse por sus emociones aunque estuvo sujeto a los mismos sentimientos que nosotros. Decidió, en cambio, ser guiado por el Espíritu.

Yo quería ser más como Dave, que se parecía a Jesús más que yo. Dave dice que recuerda años atrás cuando solía manejar a casa del trabajo por la noche, pensando: *Me pregunto cómo estará Joyce esta noche. Estará feliz o enojada, habladora o callada, de buen o de mal humor?* El estado en que estaba por la mañana cuando se iba podía no ser el mismo cuando llegaba por la por la noche. Me controlaba mi alma más bien que mi espíritu, porque mi mente aún no estaba renovada por el estudio de la Palabra de Dios.

Era adicta a la emoción, por ejemplo. Me resultaba difícil calmarme y vivir una vida común y corriente, relajarme y disfrutar a mi marido, mis hijos y el hogar que Dios me había dado. Necesitaba algo emocionante todo el tiempo. Y no estoy diciendo que esté mal sentirse eufórica, pero el exceso es peligroso.

Las mujeres necesitan tener cuidado de no "exaltarse" porque muy a menudo la emoción nos lleva a la desilusión. Voy a ilustrárselo para que entienda lo que quiero decir. Antes me ponía como loca cuando se trataba de ir de vacaciones. Si se posponían o no salían como yo esperaba, experimentaba un bajón muy emocional.

Habría sido mejor para mí (y para toda mi familia) ver las cosas con un apacible deleite que exagerarlas en mi mente. Jesús dijo en Juan 15:11 que quería que su alegría[a] —que significa su apacible deleite— esté en nosotros, completa y desbordante.

Hoy en día también me entusiasma planear unas vacaciones, pero no ando colgada de los candelabros al respecto. Mantengo un apacible deleite, y no permito que mis emociones se exalten y se apeguen a altas expectativas. De esa forma, si las cosas no resultan como pensaba, no tendré un colapso emocional.

Me estoy refiriendo al equilibrio. Si usted ha sido el tipo de mujer (que alguna vez yo fui) que ha procurado no tener expectativas para no sentirse desilusionada, estoy aquí para decirle que adoptar esa posición tampoco es razonable.

> *En el Salmo 143:10, David dijo: "¡Que tu buen Espíritu me guíe por un terreno sin obstáculos!".* ☜

Habrá días en que Dios traiga emoción a nuestras vidas, pero no podemos pasar la mayor parte de nuestras vidas buscándola. En el Salmo 143:10, David dijo:

"Enséñame a hacer tu voluntad, porque tú eres mi Dios. ¡Que tu buen Espíritu me guíe por un terreno sin obstáculos!".

Me encanta ese Salmo. ¿No quiere que su mente viva en un terreno sin obstáculos? Yo sé que sí. Es probable que piense: *Tengo este mismo problema, Joyce, pero ¿cómo puedo cambiar?* Debe estar dispuesta a dejar que su carne sufra cuando escoge lo que sabe que es correcto. Usted no puede negar la existencia de sus sentimientos. Lo que necesita es canalizarlos en la dirección correcta, buscando el lugar de equilibrio que trae paz. Es una lección extraída de lo que yo llamo "Estabilidad emocional 101". Eso significa que es el primero de una serie de pasos que debemos dar para mantener nuestras emociones bajo control.

Permitir que la carne sufra a medida que su poder sobre nosotros se va debilitando no es agradable, pero sin hacerlo es imposible ver la gloria de Dios. Romanos 8:16, 17 dice: "El Espíritu mismo le asegura a nuestro espíritu que somos hijos de Dios. Y si somos hijos, somos herederos; herederos de Dios y coherederos con Cristo, pues si ahora sufrimos con él, también tendremos parte con él en su gloria".

A medida que mi relación con el Señor iba creciendo a través de los años e iba ganando conocimiento de su Palabra, comencé a tener en mi corazón convicción de que me estaba comportando mal. En ese punto tuve que tomar una decisión: seguir actuando de una forma que sabía que no era agradable a Dios (y que en efecto estaba lastimando a mi familia), o hacer lo que sabía que haría Jesús, aunque mi carne clamaba y me presionaba para que lo siguiera dejando el control. ¿Qué me dice de usted? ¿Cómo están afectando sus altibajos emocionales a sus seres amados?

Dios no espera que usted sea perfecta. Él sólo quiere que continúe acercándosele, alineando su voluntad con la de Él y permitiéndole desarrollar en usted el fruto del dominio propio. Tener emociones no es pecado; lo que importa es qué hacemos con ellas. Sométase a Dios, sométale toda situación que haga que sus emociones dicten su forma de actuar, y decida negarse a ceder a ellas. Pida a Dios que la ayude a permanecer estable. Él le dará la capacidad de mantener la calma en su día de adversidad (vea Salmo 94:13). ¡Él la ama! Él desea hacer una obra en usted y en sus circunstancias en tanto se haya decidido a tener estabilidad emocional.

Nota a la traducción:

a. La palabra **χαρά *jará*** (G5479), significa *deleite* calmo:-alegría, gozo, gozoso. (Strong, James: *Nueva concordancia Strong exhaustiva de la Biblia,* Ed. Caribe, 2002.)

35

¿Está dejando brillar su luz?

*L*a decadencia del compromiso con la excelencia en estos últimos días sumado al aumento de la mediocridad que resulta de una falta de integridad, ha producido una baja sin precedentes del estándar de valores del mundo. Isaías profetizo acerca de la decadencia de la sociedad en los últimos días: "Mira, las tinieblas cubren la tierra, y una densa oscuridad se cierne sobre los pueblos..." (Isaías 60:2). Jesús mismo dijo: "En aquel tiempo muchos se apartarán de la fe; unos a otros se traicionarán y se odiarán" (Mateo 24:10).

Vivimos en un mundo que no honra a Dios y que se preocupa poco por la integridad moral o ética. Se prefiere la cantidad a la calidad, y a poca gente parece importarle a quién pisa o qué deja atrás en busca de lo que percibe como la felicidad y el éxito. Pero hay buenas noticias. En muchos lugares de la Biblia dice que aunque estamos en el mundo, no tenemos que ser de este mundo. Las mujeres que somos creyentes no pertenecemos a este mundo, pero debemos ser luz en él. ¿Es usted una luz en su mundo? ¿Dónde comienza?

La *integridad* se define como "una adherencia firme a un código o estándar de valores; estado de impecabilidad; solidez; la calidad o condición de indivisión: completitud". Nuestros estándares como mujeres cristianas deberían ser mucho más altos que los del mundo.

> *Vivimos en un mundo que no honra a Dios y que se preocupa poco por la integridad moral o ética.* ∞

Hágase algunas de estas preguntas: ¿Robaría un banco? ¿Diría chismes horribles de una hermana en el Señor? ¿Mentiría a sus hijos o a sus amigos? ¿Se anota para trabajar en la guardería y después no aparece? ¿Exagera para que una historia suene mejor?

¿Respondió "sí" a alguna de estas preguntas? De acuerdo, la mayoría de nosotras ni siquiera pensaríamos en robar un banco. ¿Pero cuantas de nosotras transigimos en cosas que consideramos de menor o mínima importancia, cosas que Jesús, nuestro estándar de integridad, no haría? No debemos desviarnos hacia el camino de este mundo.

La integridad es estar comprometido con una vida de excelencia. Nuestro Dios es excelente. Debemos estar comprometidos con la excelencia si vamos a representar a Dios ante el mundo. Mateo 5:41 dice que debemos caminar la milla extra, no haga sólo lo que tiene que hacer. *Excelencia* significa "sobrepasar o ser excepcionalmente mejor; ir más allá". Creo que el Señor ha hecho que conozca que la verdadera excelencia es hacer la cosa más excelente aun cuando nadie mira, aunque a nuestro alrededor no haya nadie para recompensarnos, observarnos, o reconocernos como mujeres excepcionales.

La integridad es mantener su palabra aunque le cueste algo. El Salmo 15:4 dice que cumpla lo prometido aunque salga perjudicada. Cuando se compromete, debe cumplirlo y hacer lo que dijo que haría.

Es más fácil cumplir los compromisos cuando ha dedicado tiempo a calcular el costo antes de comprometerse a hacer algo. Piénselo detenidamente. ¿Es capaz de llevarlo a buen término? No diga "sí" con su boca hasta que sepa en su corazón que podrá respaldar sus palabras con la acción. Cuando su conciencia dice "no", ¡no lo haga!

Sea una mujer de excelencia. Haga de la integridad un hábito. Proverbios 20:7 dice: "Justo es quien lleva una vida sin tacha; ¡dichosos los hijos que sigan su ejemplo!" ¡La semilla de su integridad hasta puede producir hijos felices y dichosos dignos de envidia! Como representantes de Dios, las

> *Recuerde: el mundo no está leyendo sus Biblias. ¡Nos están leyendo a usted y a mí!* ∞

mujeres cristianas fuimos llamadas a mostrar al mundo cómo es Él. Recuerde: el mundo no está leyendo sus Biblias. ¡Nos están leyendo a usted y a mí!

36

¿Juega al "juego de la culpa"?

Así como Adán y Eva, solemos usar excusas para jugar el "juego de la culpa" como medio para evadir responsabilidades, evitar situaciones difíciles y gente difícil de tratar. Cuando Adán y Eva pecaron, lo primero que hicieron fue huir y esconderse de Dios. Cuando Dios lo confrontó, Adán dijo: "Él respondió: La mujer que me diste por compañera me dio de ese fruto, y yo lo comí. Entonces Dios el Señor le preguntó a la mujer: ¿Qué es lo que has hecho? La serpiente me engañó, y comí, contestó ella" (Génesis 3:12, 13). Ambos culparon a otro por lo que habían hecho.

Pero la naturaleza de Dios es afrontar los problemas y tratar con ellos. Nunca ganamos una victoria escapando de nuestras responsabilidades. ¿Se sorprende a sí misma inventando excusas innecesarias para las cosas? ¿Culpa a otro... o incluso a Dios por algo que usted hizo? Por lo general terminamos envueltos en problemas cuando tratamos de huir de algo: de Dios, de las cosas, de la gente o de situaciones. He aprendido que generalmente Dios me manda de nuevo al lugar de donde huí, y comienzo a avanzar nuevamente desde ese punto. Considere a Agar por ejemplo.

Agar era una mujer del Antiguo Testamento que realmente no tenía una vida muy agradable. Era una sierva egipcia en la casa de Abram y Sarai. La pareja no tenía hijos, entonces Sarai la dio a Abram para que fuera su segunda esposa para producir la familia que Sarai deseaba con tanta desesperación, pero parecía incapaz de tener. Cuando Agar quedó embarazada, se tornó orgullosa y arrogante hacia Sarai. Después de todo, había logrado algo que su ama no era capaz de hacer. ¿Conoce a alguna mujer como Agar? Bueno, Sarai se sintió bastante disgustada por el embarazo de Agar, y en el versículo 6 de Génesis capítulo 16, vemos que Sarai estaba tan disgustada que maltrataba a Agar y que Agar huyó.

En Génesis 16:9, vemos que Dios ha enviado un ángel del Señor para encontrar a Agar y enviarla al lugar de donde había venido, incluso para enfrentarse a la furia de su airada ama. Ella huyó de una situación difícil, pero Dios la envió de vuelta. ¿Por qué? Dios quiere que enfrentemos nuestros problemas y tratemos con ellos. No quiere que huyamos y nos escondamos.

Las mujeres huyen de muchas cosas, incluso de cosas como perder peso. Comenzamos bien, pero cuando sentimos un hambre molesta, huimos de la disciplina de la dieta y corremos al refrigerador. Huimos de relaciones incómodas, matrimonios, trabajos difíciles, gente difícil de tratar, desafíos que requieren entereza, y toda clase de cosas.

Es tiempo de enfrentar la realidad. La vida no siempre es fácil, pero Dios siempre está de nuestro lado. Las mujeres de Dios están tan ungidas para manejar cosas difíciles como fáciles. Dios no nos llenó con su Espíritu Santo para que abandonemos cuando las cosas se ponen difíciles, sino que nos fortalece para completar nuestro recorrido. Ahora sé que hay ciertas situaciones de las que debemos escapar por nuestra seguridad y salud mental, pero creo que son pocas comparadas con todas las cosas de las que huyen las mujeres.

¿Ha estado huyendo para no tener que enfrentar la verdad con respecto a cuestiones importantes de su vida? Quizás es tiempo de hacer un inventario. Verifique para ver si está huyendo del pasado, del futuro, de gente difícil, de sus propias debilidades, de una tarea difícil, de bajar de peso, de salir de deudas, todas cosas que son desagradables, sí, pero que debemos tratar.

¿Ha estado huyendo para no tener que enfrentar la verdad con respecto a cuestiones importantes en su vida?

Algo que la sostendrá durante un tiempo de sufrimiento y prueba es recordar cosas que Dios ya ha hecho por usted. Comenzará a darse cuenta de que si la ha traído hasta aquí, podrá llevarla el resto del camino. La animo a enfrentar las situaciones difíciles en el poder del Espíritu Santo y ver cómo su vida cambia para mejor.

37

¡En usted hay potencial para la grandeza!

Estoy convencida de que la mayoría de las mujeres tiene potencial para la grandeza, pero no basta con sólo tener potencial si no está dispuesta a asumir un riesgo, dar un paso adelante, y dejar que Dios obre en su vida. La palabra *potencial* se define como "existente en posibilidad pero no en realidad; poderoso pero no en uso".

Tener potencial no necesariamente significa que verdaderamente eso vaya a suceder. Sólo significa que *puede* suceder si le agregamos los demás ingredientes "correctos". Por ejemplo, si tengo una mezcla para torta en el estante de mi cocina, tengo el potencial para tener una torta. Pero el solo hecho de tener la mezcla en el estante no garantiza que vaya a tener la torta. Hay ciertas cosas que debo hacer para que de una mezcla en el estante pueda tener una torta en la mesa.

Con nosotras es igual. Tenemos potencial porque Dios deposita dones y talentos en nosotras, pero debemos desarrollarlos. ¿Recuerda cuando había que llevar la película fotográfica para que procesaran su revelado? Antes de los días de las cámaras digitales, Dave y yo solíamos sacar muchas fotografías que luego nos demorábamos en revelar. Teníamos rollos de película tirados por ahí y ni siquiera recordábamos qué había en ellos. El solo hecho de tener la película sin revelar no nos beneficia en nada. A menos que revelemos las fotografías, habremos desperdiciado nuestro tiempo y dinero.

Muchas mujeres están desperdiciando hoy su potencial porque no están desarrollando lo que Dios puso en ellas. En lugar de desarrollar lo que tienen, se preocupan por lo que no tienen, y su potencial se echa a perder. ¡Podrían haber cambiado el mundo!

Si usted desarrolla lo que tiene puede marcar una diferencia en la vida de alguien. Pero desarrollar el potencial para que se manifieste requiere tiempo, determinación, y trabajo duro.

Hace muchos años Dios comenzó a mostrarme que tenía el potencial para ayudar a otras mujeres. Ahora mi vida está manifestando ese potencial a través de mi ministerio, que trae esperanza y sanidad a mucha gente que sufre, especialmente mujeres. Siento preocupación por las mujeres, y quiero ayudarlas. Especialmente quiero verlas ser todo lo que Dios quiere que sean.

Vivimos en un mundo muy impaciente. Todo el mundo parece tener una mentalidad de "ventanilla de autoservicio". No quieren tomarse el tiempo para dejar que las cosas se desarrollen porque quiere todo ahora mismo. ¿Se parece a alguien que conoce? Usted puede tener una mentalidad de "ventanilla de autoservicio", pero no la conducirá a un "autoservicio" maduro. Es imposible. Debe atravesar el proceso y permitir que Dios haga algo en su interior.

Desafortunadamente, demasiadas mujeres con potencial dado por Dios se dan por vencidas demasiado fácilmente. Muchas mujeres tienen el *hueso de la suerte*, pero un examen de densidad ósea revela que carecen de *columna vertebral*. Puedo decirle que a Dios no le entusiasman los huesos de la suerte. Todos podemos desear —y querer todo lo imaginable— pero se necesita tiempo, determinación y duro trabajo para desarrollar el potencial. Mire a su alrededor: es bastante obvio que hoy las mujeres no tienen que trabajar en la forma en que lo hicieron generaciones anteriores de mujeres.

Con nuestras comodidades modernas, estamos orientadas hacia una vida desahogada, a veces con demasiado tiempo libre. Y creo que a veces demasiado tiempo libre nos mete en problemas. En nuestra búsqueda de cosas para hacer, a menudo tomamos malas decisiones. Lo importante es que muchas mujeres hoy tienen una mentalidad algo distorsionada en cuanto al trabajo. No estoy sugiriendo que deberíamos

> *Muchas mujeres tienen el hueso de la suerte, pero un examen de densidad ósea revela que carecen de columna vertebral.* ∽

ser adictas al trabajo y tratar de matarnos en él. Yo misma lo he hecho y no fue bueno para mí. Pero de eso aprendí que necesitamos equilibrio en todas las áreas de nuestras vidas. Debemos aprender a regular y equilibrar el tiempo que pasamos ganándonos la vida, trabajando para el Señor, y disfrutando de actividades recreativas o descansando y relajándonos. Debemos tener equilibrio en nuestras finanzas, nuestras dietas, y en toda otra área de nuestra vida.

La realización de nuestro pleno potencial sólo puede cumplirse cuando nos disciplinamos a nosotras mismas. Ciertamente no soy la única mujer en el liderazgo cristiano de hoy, y creo que puedo decir sin temor a equivocarme que casi la mayoría de las mujeres cristianas que ocupan puestos de autoridad saben que en el reino de Dios una no puede decir todo lo que quiere decir, comprar todo lo que quiere comprar, comer todo lo que quiere comer, hacer todo lo que quiere hacer o ir a todos los lugares donde quiere ir. Debemos discernir por el Espíritu lo que es correcto y después ordenar a nuestra carne que se alinee con eso nos guste o no. Primera de Timoteo 3:1-10 contiene una descripción para las mujeres que aspiran a hacer crecer su potencial para alcanzar puestos de autoridad. El versículo diez dice: "Que primero sean puestos a prueba, y después, si no hay nada que reprocharles, que sirvan como diáconos".

Nunca estaremos realizadas hasta que lleguemos a ser todo lo que podemos ser. Cada una de nosotras tiene un destino, y a menos que avancemos hacia su cumplimiento, estaremos frustradas en la vida. Para avanzar al siguiente nivel se requiere una decisión de perseverar, de dejar lo que queda atrás y negarse a ser mediocre. Creo que Dios quiere hacer con su vida más de lo que usted jamás imaginó. Usted tiene una capacidad y un potencial tremendos que necesitan ser desarrollados. Creo que como mujeres de Dios, todas queremos liderar algo porque tenemos el Espíritu de Dios en nosotras, ¡y su Espíritu hace que sobresalgamos!

También creo que Dios está buscando mujeres para ascenderlas. Usted puede ser una de ellas. ¡En usted hay potencial para la grandeza!

38

¿Alguien me entiende?

Cuando las mujeres sufrimos o estamos frustradas, parece que una de las cosas que más necesitamos es que alguien entienda lo que estamos atravesando y cómo nos sentimos. El solo oír las dos palabras "te entiendo" puede ser tan eficaz como un tranquilizante para calmar a una mujer que sufre.

Puesto que los hombres están constituidos de forma diferente a las mujeres, no reaccionan o responden ante las situaciones de la misma manera en que ellas lo hacen. Los hombres son más lógicos y las mujeres más emocionales. Cuando estamos molestas y alguien trata de ser lógico con nosotras, eso suele disgustarnos aún más. Pero cuando alguien dice sinceramente: "Te entiendo", tiene un efecto relajante y tranquilizador.

Pasé años enojándome con mi esposo, Dave, porque nunca parecía entender lo que me estaba pasando o cómo me sentía. Como hombre, siempre ofrecía su solución lógica al problema... o aún peor, traía a colación algo de uno de mis propios sermones, ninguno de los cuales me confortaba en lo más mínimo. Dave me ama mucho, y sé que quería ayudarme sinceramente —así como estoy segura de que la gente que está en su vida quiere ayudarla—, sólo que veía las cosas desde una perspectiva totalmente distinta de la mía. Su respuesta a casi toda situación angustiante o desalentadora siempre ha sido: "Echa tu carga sobre el Señor y Él se encargará de ella". En teoría él tenía razón, pero yo aún necesitaba superar la crisis emocional de ese momento.

Mi matrimonio mejoró mucho cuando descubrí una porción que se encuentra en Hebreos 4:15, que dice: "Porque no tenemos un sumo sacerdote incapaz de compadecerse de nuestras debilidades, sino uno que ha sido tentado en todo de la misma manera que nosotros, aunque sin pecado". Qué alivio es saber que Jesús *entiende* nuestras debilidades y padecimientos, y porque Él las entiende, "acerquémonos confiadamente al trono de la gracia para recibir misericordia y hallar la gracia que nos ayude en el momento que más la necesitemos" (v. 16).

¡Cuando leí este pasaje bíblico, al fin entendí que había estado recurriendo a la persona equivocada para que me ayudara cuando estaba sufriendo!

Muy a menudo recurrimos a la gente cuando deberíamos ir corriendo a Jesús. Es bueno que las personas se consuelen una a la otra, pero siempre deberíamos recordar que nuestra principal fuente de consuelo *debe* ser el Consolador mismo (el Espíritu Santo). Cuando vamos a Dios primero, Él puede guiar a alguien para que nos dé lo que necesitamos, pero en esencia es el Espíritu Santo el que obra por medio de esa persona. Creo que Dios se siente insultado cuando dependemos de otros para que nos den lo que Él quiere darnos.

Después de comprender el asunto, comencé a ir a Dios primero, ¿y adivine qué? ¡Dave se tornó más comprensivo! Dios obró en él, mostrándole cosas que yo nunca podría haberle hecho entender. Si usted es una mujer que necesita que alguien la entienda, inténtelo. Cuando esté sufriendo o tiene una necesidad de cualquier tipo, vaya primero a Dios, y Él la confortará. Puede que lo haga Él mismo o que obre por medio de otro, pero se asegurará de que reciba consuelo porque depositó su fe en Él.

En la Biblia, leemos que Moisés esperaba que sus hermanos entendieran que Dios lo había llamado para liberarlos, pero ellos no lo comprendieron así (vea Hechos 7:25). ¿No es ése también nuestro testimonio? Esperamos que la gente entienda, pero no entiende. Puedo sentir el dolor de Moisés en esa declaración. Puedo sentir su decepción de la gente.

> *Cuando vamos a Dios primero, Él puede guiar a alguien para que nos dé lo que necesitamos.*

Si aprendemos a depender de Dios en cada situación desde el principio, experimentaremos menos desilusión. La animo, amiga, a llevarle todo a Dios, por que a Él le importa cada pequeña cosita que a usted le preocupa. Él ha contado los cabellos de su cabeza, y tiene todas sus lágrimas en una botella. No hay nada que a usted le preocupe que no lo preocupe a Él también.

Llevarle todo a Dios con una simple oración es una de las mejores formas de desarrollar una relación personal profunda e íntima con Él. Llevarle nuestras necesidades también le brinda a Él una oportunidad para que lo vea obrar en su vida cuando contesta sus oraciones. Su fe aumentará cada vez que se dé cuenta de que Dios la oye y se interesa por todo lo de su vida, tanto lo grande como lo pequeño.

No se enoje con la gente que no entiende sus necesidades, ore por ella. Dios puede enseñarle a la gente en un momento lo que nosotros no podríamos hacerle entender en mil años. Mientras ora para que Dios le dé lo que necesita, practique entender a otros, y cosechará más comprensión en su propia vida. Cuando alguien le diga que está sufriendo, sea una mujer que entiende, y consuélelo diciendo esas palabras mágicas: "Te entiendo".

39

¡Decídase!

Durante años, nosotras las mujeres hemos soportado burlas respecto de nuestra supuesta incapacidad para decidirnos. Y aunque somos bien conscientes de que no es un problema específico del género, estoy segura de que sabemos que no es inusual que la condición de nuestras mentes cambie.

Estoy segura de que lo ha experimentado: en una ocasión usted puede estar tranquila, sentir paz y seguridad de sí misma. En otra oportunidad puede estar ansiosa, preocupada e insegura. Puede tomar una decisión acerca de algo y estar segura al respecto... y más tarde darse cuenta de que está confundida y se siente insegura respecto de aquello por lo cual sentía tanta claridad y seguridad sólo un momento atrás.

Ha habido momentos en mi propia vida en que experimenté estas cosas. A veces parecía ser capaz de tomar una decisión fácilmente y atenerme a ella. Después había otros momentos en los que al parecer no podía tomar ninguna decisión. Duda, temor e incertidumbre me perseguían sin piedad. Me cuestionaba a posteriori y no lograba decidirme.

Aprendí que muchos de mis problemas con la indecisión estaban arraigados en patrones erróneos de pensamiento. Mi mente era indisciplinada.

Durante un largo tiempo, no supe que podía hacer algo respecto de mi vida mental. Pensé que estaba destinada a ser indecisa. Creía en Dios —y lo había hecho durante muchos años— pero no había tenido enseñanza alguna acerca de mi vida mental o acerca de la condición apropiada para la mente de un creyente.

Varios años atrás, tomé muy seriamente mi relación con el Señor. A lo largo de este proceso, aprendí que muchos de mis problemas con la indecisión estaban arraigados en patrones erróneos de pensamiento. Mi mente era indisciplinada, ¡era un lío!

Cuando comencé a ver lo indecisa e insegura que era mentalmente, me sentí abrumada. Hice un gran esfuerzo por corregir el problema rechazando los pensamientos incorrectos que venían a mi mente, pero persistían.

Muchas mujeres luchan con esto porque han pasado años permitiendo que sus mentes divaguen. Nunca han aplicado principios de disciplina a su vida mental. La gente que parece no poder concentrarse lo suficiente como para tomar una decisión suele creer que algo anda mal en su mente. Sin embargo, la incapacidad de concentrarse y decidirse puede ser el resultado de años de dejar que la mente haga lo que quiera.

Luché durante años con esta falta de capacidad para concentrarme. Cuando era necesario tomar una decisión importante para mi vida, descubría que no era lo suficientemente segura o disciplinada como para dar el paso y tomarla.

Mi mente era indisciplinada y se desviaba del tema que me ocupaba. Entonces leí estas importantes palabras en Proverbios 23:12: "Aplica tu mente y tus oídos a la instrucción y a los conocimientos" (DHH). Tuve que entrenar mi mente por medio de la disciplina. No fue fácil, y a veces vuelvo a tener recaídas. Mientras trato de completar un proyecto, de pronto me doy cuenta de que mi mente se ha desviado hacia otra cosa que no tiene absolutamente nada que ver con la cuestión que tengo entre manos. Aún no he llegado a un punto de concentración perfecta, pero al menos entiendo lo importante que es no permitir que mi mente vaya adonde quiera, cuando lo desee.

Muchas veces mi mente vaga incluso durante conversaciones. Hay veces que mi esposo, Dave, me está hablando, y escucho durante un rato y, de repente, me doy cuenta de que no he oído nada de lo que ha estado diciendo. ¿Por qué? Porque permití que mi mente se desviara hacia otra cosa. Mi cuerpo estaba allí, al parecer escuchando, pero en mi mente, no oía nada.

Durante años, cuando ocurría este tipo de cosas, fingía saber exactamente lo que Dave estaba diciendo. Ahora simplemente me detengo y digo: "Lo siento, pero ¿puedes retroceder y repetir eso? Permití que mi mente divague, y no oí nada de lo que dijiste". De esta forma, estoy lidiando con el problema. Estoy disciplinando mi mente para que permanezca concentrada. Confrontar estas cuestiones es la única forma de alcanzar su lado victorioso.

Recuerde, la mente es el campo de batalla para estas escaramuzas cotidianas. La indecisión y la incertidumbre sólo son resultado de perder estas batallas críticas y pueden hacer que piense que algo anda mal en su mente. Pero lo cierto es que su mente sólo necesita que la discipline. Pida a Dios que la ayude, y después niéguese a permitir que su mente piense lo que le plazca. Comience hoy a controlar sus pensamientos y a mantener su mente concentrada en lo que está haciendo. Necesitará practicar durante un tiempo: romper viejos hábitos y formar nuevos siempre lleva tiempo. La disciplina nunca es fácil, pero al fin y al cabo siempre vale la pena. Cuando gane la batalla de su mente, estará mucho más segura de sí misma: una mujer que puede tomar decisiones con confianza.

40

¡Sea una sierva, no una mártir!

Todos sabemos lo que es un mártir. También hemos oído historias desgarradoras de hombres y mujeres heroicos que, a través de los tiempos, han pagado el precio máximo y han dado sus vidas por aquello en lo que creían. Pero hay otra clase de mártir, uno sin valor ni nobleza. Estoy segura de que todas conocemos una, una gran sufridora constante que siempre está dispuesta a compartir su dolor con alguien que quiera escucharla. Esta mártir quiere que todos los que estén cerca conozcan los sacrificios que está haciendo en la vida.

Una vez conocí a una mujer así. Se sentía esclava de su familia, y definitivamente tenía la actitud de una mártir. Me cansé de oírla hablar continuamente acerca de todo lo que hacía por los demás y lo poco que todos la apreciaban. Pude darme cuenta de que llevaba continuo registro de lo que hacía por ellos versus lo que ellos hacían por ella. A la larga, logró destruir su matrimonio y la mayor parte de su relación con sus hijos. ¡Qué tragedia!

Es muy fácil caer en la "trampa del mártir". Como mujeres, es tan fácil comenzar a servir a nuestras familias y amigos, ¡y disfrutarlo! Después de todo, eso hacen las mujeres. Siempre ponemos el deber hacia los demás antes que nuestras propias ambiciones. Somos las cuidadoras, las pacificadoras, las que aseguramos a los miembros de nuestra familia que siempre estamos disponibles para ellos y que todo va a estar bien.

Después de un tiempo, nuestros corazones comienzan a cambiar, y empezamos a esperar algo a cambio. Después de todo, estamos trabajando tan duro y sacrificando tanto. A la larga ya no tenemos el corazón de una sierva. Nos desanimamos porque nuestras expectativas no se cumplen. Nuestra actitud se torna amarga, y pronto nos vemos envueltas en autocompasión. Nos hemos convertido en una mártir. Yo lo sé: me ha sucedido.

Una mañana al levantarme y bajar para hacer café, sentí que el Señor me recalcaba que le hiciera una ensalada de frutas a mi marido, Dave. A él le encanta la ensalada de frutas a la mañana, y sabía que sería un lindo gesto de mi parte hacer eso por él. Aún no se había levantado, y tenía el tiempo suficiente para prepararla y sorprenderlo cuando bajara.

El problema era que yo no quería hacerle ensalada de frutas. Podría soportar llevarle una banana o una manzana, pero no quería tomarme el tiempo de cortar toda la fruta y ponerla en un bol y servírsela. ¡En vez de eso quería orar y leer mi Biblia! Pensé: *¿Por qué siempre tengo que hacer estas cosas por él? ¿Por qué él no hace estas cosas por mí? Después de todo, yo tengo que estudiar la Biblia y orar. ¡Es mi ministerio!*

Es gracioso cómo muchas veces comentemos el error de pensar que la actividad espiritual de algún modo ocupa el lugar de la obediencia y nos hace más santas, pero no es así. El Señor me recordó pacientemente que servir a Dave de esta manera en realidad era servirlo a Él. Entonces, obedientemente, preparé la ensalada de frutas y sorprendí a Dave con ella cuando bajó.

Me pregunto ¿cuántos matrimonios podrían haberse salvado de los tribunales de divorcio si las partes hubieran estado dispuestas a mostrar amor sirviéndose mutuamente? Hoy en día parece que todo el mundo quiere ser libre, y en efecto Jesús nos ha hecho libres. Sin embargo, nunca quiso que usáramos la libertad con propósitos egoístas. Gálatas 5:13 dice: "Les hablo así, hermanos, porque ustedes han sido llamados a ser libres; pero no se valgan de esa libertad para dar rienda

> *Las palabras son maravillosas, pero cuando andamos en amor, nuestro compromiso debe contener mucho más que palabras.* ᴄ◌

suelta a sus pasiones. Más bien sírvanse unos a otros con amor". Este versículo confirma que Dios quiere que seamos siervos.

Definitivamente amo a mi esposo, pero a veces ese amor se expresa mejor a través del servicio. Las palabras son maravillosas, pero cuando andamos en amor, nuestro compromiso debe contener mucho más que palabras. ¿Cómo puedo amar realmente a mi esposo si nunca quiero hacer nada por él?

No recuerdo haber recibido ninguna recompensa en particular esa mañana por preparar la ensalada de frutas de Dave. Sí, me agradeció, pero no ocurrió nada extraordinario como resultado de mi acto de bondad. Sin embargo, estoy segura de que Dios me recompensó ese día con paz y gozo y una sensación de su Presencia manifiesta. Estoy segura de que se encargó de que alguien hiciera algo por mí, algo que esa persona no habría hecho si yo no hubiera sembrado esa semilla de obediencia.

Estoy segura de que las mujeres perdemos muchas bendiciones de las que ni siquiera nos enteramos simplemente porque no hacemos por otros lo que querríamos que hagan por nosotras. Siempre queremos ser bendecidas a cambio por las personas a las que bendecimos, pero no siempre funciona de esa manera. Deberíamos hacer lo que hacemos como para el Señor y buscar en Él nuestra recompensa.

Si su matrimonio o familia no es lo que usted quisiera, literalmente podría darlo vuelta por completo adoptando este principio en este mismo momento. Quizás ha estado esperando que su esposo haga algo por usted. Puede que se haya estado negando con obstinación a ser el primero en dar un paso. La animo a tragarse su orgullo y salvar su matrimonio. Deje de ser una mártir que se la pasa hablando de todos los sacrificios que hace. Comience a servir a su marido. Haga que él sea el centro, no usted. Al obedecer el llamado de Dios al servicio, ¡cosechará los beneficios de ser una mujer sabia y victoriosa!

41

Estar de pie por dentro

Una vez oí la historia de un pequeño que asistía a la iglesia con su madre y que se ponía de pie en los momentos equivocados. Su madre le dijo repetidas veces que se sentara, y finalmente se puso bastante dura con él al respecto, diciéndole enfáticamente: "¡Siéntate ahora, o estarás en problemas cuando lleguemos a casa!". El pequeño la miró y le dijo: "Me voy a sentar, pero por dentro me quedo de pie".

¿Se ha dado cuenta de que en la vida siempre hay alguien que trata de hacernos sentar? Nos dicen que no hagamos olas, para no ser oídos ni vistos. Quieren que nos limitemos a seguir el programa que otros han diseñado y que nos olvidemos de lo que queremos personalmente.

A través de los años, mucha gente trató de retrasar el llamado de mi vida. Estaban los que no entendían lo que estaba haciendo y por qué, y por eso me juzgaban falsamente. A veces, sus críticas y opiniones querían hacerme "sentar" y olvidar mi visión de Dios. Había otros que sentían vergüenza de tener una "predicadora mujer" como amiga o pariente; querían que me "sentara" y que calladamente siguiera al grupo.

> *Pero yo tenía a un Dios grande de pie en mi interior, y "sentarme" no era una opción para mí.* ∞

Pero yo tenía a un Dios grande de pie en mi interior, y "sentarme" no era una opción para mí. Él hizo que me pusiera de pie en mi interior y que decidiera avanzar sin importar lo que otros pensaran, dijeran o hicieran. No siempre resulta fácil, pero aprendí por experiencia que sentirse frustrado e insatisfecho por estar fuera de la voluntad de Dios es más difícil que avanzar en medio de toda la oposición de otra gente.

Estar de pie en nuestro interior no significa que seamos rebeldes o que tengamos una actitud agresiva hacia quienes no nos entienden. Significa tener una apacible confianza interior que nos lleva a la línea de llegada. En Mateo 19:26, Jesús comparte estas palabras de aliento: "Para Dios todo es posible". La confianza es una certeza interna de que, a pesar de lo que suceda afuera, todo va a estar bien porque Dios está en la escena, y cuando Él está presente nada es imposible.

Si vamos a lograr hacer todo lo que Dios tiene para que hagamos, debemos permanecer de pie en nuestro interior y ser fieles a Dios sin importar lo que venga contra nosotras. Nunca debemos abandonar ni darnos por vencidas.

Creo que probablemente son muy pocas las mujeres que logran ser plenamente todo lo que pueden ser. Como la oposición es tan grande, es fácil que nos derroten. Sin embargo, las mujeres decididas a permanecer de pie en su interior sin importarles lo que suceda, cumplirán el plan de Dios en sus vidas.

La desafío a decidirse ahora mismo a hacer algo grande para Dios. No importa dónde haya comenzado, usted puede tener un gran final. Sepa qué quiere de la vida... qué quiere hacer. ¡No sea imprecisa! Tener confianza significa ser valiente, abierta, sencilla y directa, eso no se parece en nada a un individuo avergonzado y temeroso que tiene incertidumbre respecto de todo, ¿no es así? Tome hoy la decisión de vivir su vida de tal forma que deje su marca en este mundo. Decida ser una mujer inflexiblemente recta, que está "confiada como un león" (Proverbios 28:1). Manténgase "de pie en su interior", y cuando deje este mundo, los efectos de la vida que ha vivido les harán recordar a quienes quedaron que usted, en efecto, ¡estuvo aquí!

42

Dios quiere ser bueno con usted

¿Se da cuenta de lo importante que es la esperanza para nuestra salud en general? Las mujeres que no tienen esperanza en sus vidas están destinadas a ser infelices y estar deprimidas, sintiendo como si estuvieran encerradas en la prisión de su pasado. Para salir de ella y ser libres para avanzar hacia un futuro más promisorio, necesitan una llave, y esa llave es la esperanza.

Muchos años atrás yo tenía una actitud sumamente negativa respecto de mi vida por el abuso devastador que había tenido lugar en mi pasado. El resultado era que yo *esperaba* que la gente me lastimara... y lo hacía. *Esperaba* que la gente fuera deshonesta... y lo era. Tenía miedo de creer que algo bueno pudiera pasar en mi vida. Había perdido las esperanzas. En realidad pensaba que al no esperar que sucediera nada bueno me estaba protegiendo a mí misma para no ser lastimada.

Cuando realmente comencé a estudiar la Biblia y a confiar en que Dios me restauraría, empecé a darme cuenta de que mis actitudes negativas tenían que irse. Era necesario que soltara mi pasado y avanzara hacia el futuro con esperanza, fe y confianza en Dios. Tenía que deshacerme de la pesadumbre de la desesperación, la depresión, y el desánimo. Y lo hice. Una vez que escarbé en la verdad de lo que la Biblia dice acerca de mí y de mis actitudes hacia la vida, ¡empecé a cambiar mis pensamientos y palabras negativos en positivos!

Ahora bien, no estoy diciendo que podamos obtener lo que queramos con sólo pensarlo. Dios tiene un plan perfecto para cada una de nosotras, y no podemos controlarlo a Él con nuestros pensamientos y palabras, pero podemos pensar y decir aquellas cosas que están de acuerdo con su plan y propósito para nosotras.

Podemos practicar ser positivas en cada situación que se presente. Aunque lo que esté sucediendo en nuestras vidas en este momento parezca negativo, espere que Dios saque lo bueno de eso, como prometió en su Palabra. Debe entender que antes de que su vida pueda cambiar, debe cambiar su actitud.

Sin esperanza, las mujeres se vuelven deprimidas, desanimadas, abatidas, y llenas de temor. Pero el Salmo 42:5 nos anima: "Espera en Dios; porque aún he de alabarle" (RV60). Dios quiere ser bueno con usted. Lamentaciones 3:25 nos asegura que: "Bueno es el Señor con quienes en él confían, con todos los que lo buscan".

Recuerde, la esperanza es una fuerza espiritual poderosa, pero sólo se activa por medio de nuestras actitudes positivas. Y éstas deben basarse en algo más que cómo nos sentimos o lo que vemos a nuestro alrededor. Nuestras actitudes deben estar fundadas en lo que sabemos que es verdadero.

A la mayoría de nosotras nos cuesta mucho creer que Dios está obrando a nuestro favor hasta que vemos con nuestros ojos naturales que algo sucede, pero por lo general ésta no es la forma en que Dios obra. Él trabaja detrás de escena la mayor parte del tiempo. Usted debe creer que en este preciso momento Él está cambiando corazones y atrayendo gente solitaria y herida hacia Él. Y en este mismo momento Dios está ejecutando su buen plan para su vida: un plan para cosas positivas, no para cosas negativas, hirientes.

¡Usted debe permitir que la fe y la esperanza obren en su vida ahora mismo! Sin fe ni esperanza no se puede disfrutar la vida. Cada vez que dejo de aplicar fe y esperanza a mi vida, dejo de creer, y pierdo mi paz, y tan pronto como pierdo la paz, mi gozo se va con ella. Sin importar cómo haya sido su vida hasta ahora, debe creer que puede cambiar. La fe y la esperanza son las llaves hacia un futuro más brillante y positivo.

La esperanza es una fuerza espiritual poderosa, pero sólo se activa por medio de nuestras actitudes positivas. ∞

Tome la decisión de ser una mujer del ahora. Dios tiene un buen plan para su vida en este mismo momento, así que comience a confiar en Él ya. Creerle a Dios le trae paz y descanso y pone fin al tormento causado por la impaciencia y la ansiedad mientras espera.

Sin importar lo desesperante que su situación parezca ser o cuánto tiempo ha estado así, sé que usted puede cambiar porque yo lo hice. Mantener una actitud positiva y saludable requirió tiempo y un fuerte compromiso de mi parte, pero valió la pena. Y valdrá la pena para usted también. Suceda lo que suceda, confíe en el Señor: ¡Él desea ser bueno con usted!

43

Quítese la máscara

Parece que muchas mujeres a veces luchan por ser auténticas. Por fuera actuamos como siendo de una forma, cuando realmente por dentro somos de otra. Porque tenemos debilidades, defectos o temores —cosas relativas a nosotras mismas que nos hacen menos perfectas o menos agradables o deseables— que preferiríamos ocultar de otras personas.

Con el tiempo, ideamos máscaras para ocultar a los demás esas imperfecciones más eficazmente. Algunas de nosotras creamos un intrincado sistema de máscaras para tapar, ocultar, o dar a otros una percepción distinta de quienes somos en realidad. En efecto, hemos llegado a sentirnos tan cómodas llevando estas máscaras que hasta olvidamos que las tenemos puestas.

Nuestro orgullo, vergüenza o temor nos impiden sacarnos nuestras máscaras y revelar nuestro verdadero yo a los demás, incluso a quienes amamos. El pensamiento de despojarnos de los velos de engaño y defensa y quedar expuestas ante el mundo —para que todos vean nuestros defectos, debilidades, o temores—, es insoportable.

La necesidad de agradar y ser aceptadas nace con cada una de nosotras. Es un deseo es tan fuerte en nosotras que hacemos casi cualquier cosa para satisfacerlo. En efecto, cuando éramos niñas, si sentíamos

> *Podemos cambiar lo exterior, pero sin importar cuántas máscaras llevemos puestas, no podemos cambiar lo que en realidad somos en lo profundo de nuestro interior.* ∞

que no nos amaban o aceptaban como éramos, cambiábamos. Nos reinventábamos por completo a nosotras mismas. Nos poníamos una máscara o, al igual que un camaleón, cambiábamos nuestra apariencia externa para encajar mejor en nuestro entorno. Pero por dentro, el camaleón permanece igual: él no puede cambiar lo que es. Lo mismo ocurre con las mujeres... podemos cambiar lo exterior, pero sin importar cuántas máscaras llevemos puestas, no podemos cambiar lo que en realidad somos profundamente en nuestro interior.

El peligro de llevar esas máscaras, por supuesto, es que nos distorsionan. Lo que otros ven es mentira. No es lo que somos... aquello para lo cual nacimos. Para cuando llegamos a adultas, hemos tenido años de experiencia en este tipo de juego de roles y encubrimiento. Nuestras máscaras se han vuelto tan cómodas como un viejo par de pantuflas, y hemos perdido contacto con lo que realmente somos. Hemos pasado tantos años ocultándonos, que hemos olvidado aquellas cosas de nosotras que nos hacen diferentes y especiales.

¡Qué vergüenza! ¡Qué desperdicio! Cada una de nosotras —usted, yo y cada mujer— fue creada única por un Padre amoroso que se goza en nuestra individualidad. En efecto, esas cosas distintivas de nosotras, no nuestra "similitud", nos hacen especiales para Él.

La pequeña con pecas, la joven con hoyuelos, la querida abuela de cabello gris con su dulce sonrisa, todas se destacan... ¡son especiales! ¡Y usted también lo es!

Seguro, todas tenemos temores y debilidades. Todas somos menos que perfectas y desearíamos ser mejores. Pero es necesario que usted sepa que Dios la ama tal como es en este mismo momento, y su amor por usted nunca disminuirá. ¡Pero espere! Hay más buenas noticias. Segunda de Corintios 3:18 dice: "Así, todos nosotros, que con el rostro descubierto reflejamos como en un espejo la gloria del Señor, somos transformados a su semejanza con más y más gloria por la acción del Señor, que es el Espíritu".

Esto significa que cuando usted cree y coopera con el buen plan de Dios para su vida, Él la ayudará a derribar las defensas que ha levantado durante tanto tiempo. Dios la creó, y conoce sus temores y debilidades. Sabe cuánto desea encajar... ocultar sus defectos y errores, pero su amor es lo suficientemente poderoso para llegar más allá de esas cosas y tocar su alma. Reciba su toque; sienta su aceptación. Confíe en Él lo suficiente como para sacarse la máscara y mirarse en el espejo de su Palabra: ¡allí encontrará que poco a poco está siendo transformada a la misma imagen de su Señor!

44

¡Siga adelante!

Cada día vienen miles de pensamientos a nuestras mentes, algunos buenos y algunos malos. Para ser mujeres positivas y saludables, debemos concentrarnos en los pensamientos buenos y soltar los malos. Pero siempre es una tentación aferrarse a los pensamientos malos. Nuestras mentes tienen tanta práctica de operar libremente que parece que no tenemos que hacer esfuerzo alguno por pensar cosas malas o negativas. El esfuerzo viene para aprender a tener pensamientos positivos.

Las mentes positivas producen vidas positivas, pero lo opuesto también es cierto: las mentes negativas producen vidas negativas. Los pensamientos positivos siempre están llenos de fe y esperanza. Los pensamientos negativos siempre están llenos de temor y duda que finalmente pueden destruir nuestras vidas.

Puede resultar muy difícil cambiar su forma de pensar. Algunas mujeres tienen miedo de tener esperanza porque las han lastimado tanto en la vida. Han tenido tantas desilusiones que no creen poder enfrentar el dolor de otra decepción. Por tanto, se niegan a tener esperanza para no resultar decepcionadas.

Las batallas se libran en nuestras mentes cada día. Cuando comenzamos a sentir que la batalla de la mente se torna demasiado difícil y estamos a punto de darnos por vencidas, ahí es cuando debemos decidir resistir los pensamientos negativos y tomar la determinación de que vamos a levantarnos por encima de nuestros problemas y tener éxito. Debemos seguir la admonición de Efesios

4:23, que dice: "Y renovaos en el espíritu de vuestra mente" (RV60). Cuando renovamos nuestra mente por medio de las verdades de la Palabra de Dios, Él la rejuvenecerá y nos dará fuerza para pelear y ganar la batalla de nuestra mente.

Sin importar lo encarnizada que sea la batalla en su mente, no tiene que ceder a ella. Cuando se ve bombardeada por dudas y temores, puede levantarse con intrepidez y decir: "¡Nunca me daré por vencida! ¡Lo voy a lograr!".

En Gálatas 6:9, el apóstol Pablo nos anima a seguir adelante: "No nos cansemos de hacer el bien, porque a su debido tiempo cosecharemos si no nos damos por vencidos". ¡No se eche atrás! No tenga ese viejo espíritu de "darse por vencida". Dios está buscando mujeres que encuentren el valor para levantarse por encima de todo lo negativo e ir tras lo positivo.

Cuando la batalla parece interminable y cree que nunca lo logrará, recuerde que está reprogramando una mente "mundana" para que piense como Dios lo hace. De la misma forma que se programan las computadoras, se programan nuestras mentes. Nuestras mentes son como computadoras a las que durante toda una vida, desde el momento en que nacimos, les programaron basura. Pero Dios, el mejor "programador de computadoras" que existe, obra en nosotras cada día para reprogramar nuestras mentes. A medida que cooperamos con Él y le permitimos que nos ayude a controlar nuestros pensamientos, Él "renueva" nuestras mentes.

Este proceso de reprogramar o renovar nuestras mentes tendrá lugar poco a poco, por lo que no debe sentirse desanimada si el progreso parece lento. No se "caiga" cuando tenga contratiempos o días malos. Cuando un bebé está aprendiendo a caminar, se cae muchas, muchas veces antes de desarrollar la capacidad de caminar sin caerse. Sin embargo, el bebé es persistente. Puede llorar durante un rato después de caerse, pero siempre vuelve a levantarse y lo intenta de nuevo.

Dios está buscando mujeres que encuentren el valor para levantarse por encima de todo lo negativo e ir tras lo positivo. ∞

Aprender a cambiar nuestra forma de pensar funciona de la misma manera. Habrá días en que no hará todo bien, días en que nuestros pensamientos serán negativos. Pero nunca deje de intentarlo. Dios gradualmente nos va acercando a su forma de pensar.

Sea lo que fuere que esté enfrentando o experimentando en su vida en este momento, la animo a renovar su mente en la Palabra de Dios. ¡Después manténgase positiva y niéguese a darse por vencida! Dios estará con usted, y la ayudará a progresar espiritualmente, fortaleciéndola y animándola a "seguir adelante" hasta que alcance la victoria.

45

Corrijamos a los hijos correctamente

Ser padre o madre es tanto una gran bendición como un gran desafío en muchos sentidos. Muchos se convierten en padres antes de estar debidamente preparados para la crianza de los hijos. Es triste decirlo, pero muchos padres aprenden a medida que avanzan. Madres que han criado hijos probablemente estarían de acuerdo en que cometieron muchos errores e hicieron cosas que nunca volverían a hacer. Estoy segura de que muchas de nostras que somos mayores y más sabias desearíamos haber tenido una segunda oportunidad para criar a nuestros hijos.

Personalmente, yo cometí muchos errores como madre, y durante un periodo pareció que esos errores podían haber causado daños permanentes en mis relaciones con dos de nuestros hijos en particular. Como provenía de un pasado de abuso y aún tenía necesidad de sanidad emocional de mis propias heridas, muchas veces me sorprendía a mí misma actuando por frustración antes que de forma amorosa.

A medida que creció mi relación con Dios, comencé a darme cuenta de que aunque mis hijos necesitaban corrección, no los había corregido de la manera apropiada. Y con la ayuda de Dios, aprendí que si a los niños no se los corrige correctamente, se puede hacer más mal que bien. La corrección impropia en realidad alimenta las tendencias de rebeldía que están en todos nosotros.

Como madres, debemos administrar disciplina de manera sistemática, no por enojo. Es importante pensar en lo que les estamos diciendo a nuestros hijos y estar dispuestas a llevarlo a cabo. Muchos padres amenazan continuamente, pero nunca actúan. Un niño necesita poco tiempo para darse cuenta de que mamá y papá no hablan en serio. Una vez que esto sucede, el niño deja de escuchar.

Yo solía gritarles mucho cuando nuestros hijos eran pequeños y hacía muchas afirmaciones impulsivas que no tenía intenciones de cumplir. Esto disminuyó el respeto que mis hijos tenían por mí en el área de la corrección. *¡No se descontrole tratando de tener a sus hijos bajo control!* Estoy segura de que usted, al igual que incontables mujeres, ha experimentado momentos en que, por enojo, dio una reprimenda poco realista. Y más tarde, cuando se calmó, probablemente se dio cuenta de que lo que había dicho no estaba del todo bien.

Por ejemplo, una madre puede decir con enojo: "¡Más vale que te calles o no saldrás de casa por un mes!". Ésta es una amenaza vana. Ella sabe que no va a mantener al niño encerrado durante un mes. En este caso, la madre está intentando controlar la conducta del niño con pensamientos de castigo exorbitante. A esta madre le haría mucho mejor reflexionar y sugerir algo "factible" antes de proferir la amenaza. Podría decir algo como: "Te he pedido que te calles, y si continuas desobedeciéndome, te voy a tener adentro por el resto del día".

Todos hemos oído a mujeres tratando de controlar a sus hijos en la tienda de comestibles. No dejan de repetir cosas como: "Si vuelves a hacer eso, te llevaré al auto y te daré una paliza". El único problema es que nunca se va de la tienda con el niño para cumplir lo que dijo que haría. No deja de amenazar, quizás en un tono de voz más firme y fuerte, pero nunca lleva a cabo la acción prometida.

Cambiar dicho patrón es un gran desafío, pero si ha de ganarse el respeto de su hijo, debe corregir con acción sabia y bien planeada, no con enojo y emociones fuera de control. Cuando corregimos a nuestros hijos correctamente, la Biblia dice que nos dará muchas satisfacciones (vea Proverbios 29:17). Gracias a Dios, aprendí a corregir a mis hijos correctamente, y

¡No se descontrole tratando de tener a sus hijos bajo control! ∞

ahora verdaderamente me dan muchas satisfacciones, y disfrutamos una maravillosa relación.

Creo que la crianza adecuada de los hijos resulta más fácil cuando aplicamos la Regla de Oro: hacer con otros —incluyendo a nuestros hijos— como queremos que hagan con nosotros (vea Lucas 6:31). Hábleles a sus hijos de la manera en que desea que otra gente le hable a usted... o quizás de la forma en que hubiera deseado que sus padres le hablaran a usted, pero no lo hicieron.

Las palabras son herramientas muy importantes. Con ellas podemos bendecir o maldecir, construir o destruir. Como madres, ayudamos a moldear y determinar el futuro de nuestros hijos, y gran parte de esta formación se desarrolla como resultado de nuestras palabras.

Nunca olvide poner énfasis en el gran valor y potencial de sus hijos, y asegúreles que los ama y que sólo quiere lo mejor de Dios para sus vidas.

La Palabra de Dios dice que: "Los hijos son una herencia del Señor, los frutos del vientre son una recompensa" (Salmos 127:3). Entonces atesore ese don disfrutando a sus hijos. Pida a Dios que la ayude a ser una madre sabia y piadosa que corrige correctamente; cuyos "hijos... la llaman bienaventurada" (Proverbios 31:28, RV60).

46

¡Sacúdase y suba un paso!

¿Siente alguna vez que las tormentas de la vida le sobrevienen con una rapidez y furia tales que no sabe qué hacer? Todos tenemos momentos en los que parece que somos bombardeados con malas situaciones, ¡yo sé que he tenido mi buena cuota! Pero ¿sabía usted que hay una forma correcta y una incorrecta de manejar estos momentos de angustia? Yo no lo supe hasta que me convertí en cristiana y comencé a aprender que el poder y la paz de Dios están a mi alcance. Hasta ese momento, por lo general me alteraba —y muchas veces me daba un ataque— porque las cosas no salían a mi manera.

Quizás usted diga: "Bueno, ¿cómo se supone que debemos manejarlos? ¿Cómo puedo no alterarme cuando tengo problemas?". Bien, eso es lo que hace el mundo: así es como se siente la mayoría de la gente. Pero Dios tiene una forma distinta y mucho mejor para que las mujeres manejen los desafíos de la vida. Él dice que podemos tener paz en medio de las situaciones tempestuosas de nuestras vidas.

En Juan 14:27, Jesús dice: "La paz les dejo; mi paz les doy. Yo no se la doy a ustedes como la da el mundo. No se angustien ni se acobarden". Y en Lucas 10:19, Él dice que nos ha dado poder. Como mujeres cristianas, podemos tener paz incluso en medio de malas situaciones, y podemos recurrir al divino poder de Dios para que nos ayude a hacer lo que nunca hemos sido capaces de hacer.

Piense en lo asombroso que sería tener paz, suceda lo que suceda. ¿Estar atascada en un embotellamiento... y no alterarse? ¿Que le toque la cajera nueva en la tienda de comestibles, cuando ya se le está haciendo tarde... y no alterarse? Sí, es posible. En lugar de perder la paz y tener dolor de cabeza o molestias estomacales, usted puede usar la paz y el poder que Dios ha puesto a su alcance y aprender a permanecer estable y tranquila. Así crece espiritualmente.

Es sabio poner a trabajar ese poder en los pequeños problemas e inconvenientes cotidianos que se le presentan a todas las mujeres, porque le enseña a tener fe en que Dios la ayudará a manejar problemas difíciles, aunque puedan parecer imposibles. Lo más importante que debe hacer es tomar la decisión de esperar lo mejor, y luego hacer lo posible para que suceda.

Una vez oí una historia que es un maravilloso ejemplo de cómo funciona esto. Un día el burro de un granjero cayó en un pozo. El animal chilló lastimeramente durante horas mientras el granjero trataba de decidir qué hacer al respecto. Finalmente el hombre resolvió que el animal era demasiado viejo para justificar los esfuerzos necesarios para sacarlo del pozo. Entonces pidió a sus vecinos que le ayudaran a palear tierra en el pozo y terminar con la vida del burro.

A medida que la tierra comenzó a caer sobre el lomo del burro, éste se dio cuenta de lo que estaba sucediendo y chillaba horriblemente. (¿Le recuerda a alguien que conoce: "Siento que todo se derrumba sobre mí"?) Y entonces, ante el asombro de todos, el burro se tranquilizó. Después de palear un poco más de tierra, el granjero miró al pozo y se quedó pasmado por lo que vio. A cada palada de tierra que caía sobre el lomo del burro, éste hacía algo asombroso: se la sacudía y subía un paso sobre ella. Mientras el granjero y sus vecinos continuaban echando tierra al pozo, ¡el burro se la seguía sacudiendo y subía otro paso! Finalmente, todo el mundo retrocedió asombrado cuando el burro saltó el borde del pozo y salió trotando.

No quede enterrada bajo los problemas que la vida le palea, manténgase en calma, y continúe sacudiéndose y dando un paso hacia arriba. ∞

Es una maravillosa lección de cómo usted puede ser una mujer ganadora, incluso en situaciones que al parecer no tienen esperanza. No desperdicie su tiempo quejándose, llorando o teniendo una pataleta. En vez de eso, cálmese y piense en la paz y el poder de Dios que son suyos... y después póngalos a trabajar para usted. No quede enterrada bajo los problemas que la vida le palea, manténgase en calma, y siga sacudiéndose y dando un paso hacia arriba, ¡y dentro de no mucho tiempo, saldrá de sus problemas y caminará hacia la victoria que Dios planeó para usted desde el primer momento!

47

¿Está tan cerca de Dios como quiere estar?

¿Cuán cerca de Dios está? ¿Cuán cerca desea estar? Quizás éste sea un tema en el que no ha pensado seriamente antes, pero es a la vez interesante e importante.

Es obvio que algunas personas están más cerca de Dios que otras. Algunos tienen una reverente familiaridad con Dios que les resulta ajena a otros cristianos. Estos "amigos íntimos" de Dios comparten historias de cómo le hablan como si lo conocieran personalmente... mientras que los observadores escépticos se preguntan por qué no sienten esa clase de intimidad.

¿Por qué es eso? ¿Dios tiene favoritos? ¿Hace distinción entre las personas? La respuesta es no. La Biblia nos enseña que nosotras, no Dios, determinamos nuestro propio nivel de intimidad con Él. Todas hemos sido invitadas: "Así que acerquémonos confiadamente al trono de la gracia para recibir misericordia y hallar la gracia que nos ayude en el momento que más la necesitemos" (Hebreos 4:16). Este pasaje indica que cada una de nosotras podemos estar tan cerca del trono de la gracia de Dios como queramos.

Hay varios niveles de intimidad con Dios, y cada uno coincide con el correspondiente nivel de compromiso que tenemos en buscar una relación con Él. No todo el mundo está dispuesto a tomarse el tiempo para desarrollar una relación íntima con el Señor. Dios no nos pide todo nuestro tiempo. Él nos diseñó con un cuerpo, un alma y un espíritu, y sabe que cuidar cada área requiere de una cierta cantidad de nuestro tiempo y atención. Pero como mujeres ocupadas, nuestra meta debería ser tener equilibrio y prioridades adecuadas.

Cuidar del cuerpo requiere una alimentación y ejercicio adecuados. Cuidar del alma requiere verificar que nuestras necesidades emocionales estén satisfechas. Las mujeres necesitamos entretenimiento y diversión, y necesitamos disfrutar de comunión con otras personas. Asimismo, tenemos una naturaleza espiritual que necesita atención, y nuestras necesidades espirituales se satisfacen por medio de una relación íntima y personal con Dios. Cuidar todas estas áreas requiere un compromiso de nuestro tiempo.

Creo que todo lo concerniente a la intimidad con Dios es una cuestión de cómo decidimos usar nuestro tiempo. Decimos que no tenemos tiempo para estar con Dios, pero nos tomamos el tiempo para hacer otras cosas que nos resultan importantes. "Estoy ocupada" puede ser una excusa que a veces indica que nuestras vidas están fuera de equilibrio. Todas tenemos que luchar con distracciones cada día para proteger nuestro tiempo con Dios. Él es el requisito más importante en nuestras vidas, entonces ¿por qué no tiene ese lugar de importancia en nuestro tiempo?

Quizás sea porque cuando comenzamos a hacer una inversión espiritual queremos gratificación instantánea. Pero buscar a Dios significa seguir buscándolo. No experimentaremos gratificación instantánea. Debemos sembrar antes de cosechar; debemos invertir antes de recibir la recompensa. En otras palabras, debemos perder antes de ganar: debemos dedicar tiempo antes de poder experimentar intimidad con Dios.

Un compromiso para pasar tiempo con Dios es tan serio como cualquier otro compromiso que podamos hacer. Dios dice en Salmo 27:8: "Buscad mi rostro" (RV60). Esto indica que Dios es una necesidad vital de nuestras vidas.

> *Todo lo concerniente a la intimidad con Dios es una cuestión de cómo decidimos usar nuestro tiempo.*

Una persona que depende de un marcapasos para corregir una afección cardiaca debe tomarse tiempo periódicamente para cargarlo: es una necesidad vital. Ésta es la forma en que deberíamos ver nuestro tiempo con Dios: como la oportunidad para recargar el marcapasos de nuestro corazón.

El tiempo que pasamos con Dios afecta grandemente la calidad de nuestras vidas como mujeres, y ese tiempo debería tener un lugar prioritario en nuestro horario. Así que, si no está tan cerca de Dios como le gustaría, ¡a usted le toca hacer el próximo *movimiento*!

48

¡Aflojarse es bueno!

¿Está ansiosa... enredada en líos, preocupada e inquieta por cosas que hizo... o que no hizo? ¿Se disgusta hasta por cosas que están fuera de su control? Estos sentimientos de ansiedad son comunes en las mujeres ocupadas en el acelerado mundo de hoy, pero no son el plan de Dios para nuestras vidas. Jesús mismo dijo: "No se turbe vuestro corazón..." (Juan 14:1, RV60).

La Biblia enseña que este tipo de ansiedad trae pesar a la vida de una persona. El diccionario define *ansiedad* como "...un estado de desasosiego; preocupación... temor anormal que carece de una causa específica". A veces, ese desasosiego es vago, algo que no puede identificarse fácilmente. Es temor o pavor que no tiene causa u origen específico.

En mi vida, atravesé un periodo en el que experimentaba esta clase de ansiedad todos los días, sin siquiera saber qué era. Estaba llena de temor y pavor sin ninguna razón en particular. Tenía un sentimiento constante de que iba a suceder algo terrible.

En aquellos días yo era como tanta otra gente. Parecía cargar con algún problema no identificado que me impedía disfrutar la vida. Yo me tomaba muy en serio todas las cosas, creándome problemas donde realmente no existía ninguno.

Uno de los mejores consejos que recibí fue: "Deja de hacer tanto lío por nada". ☒

Uno de los mejores consejos que recibí en ese momento de mi vida fue: "Deja de hacer tanto lío por nada". Necesitaba oír ese consejo porque tenía el mal hábito de hacer una montaña de un grano de arena. Me sorprendía a mí misma disgustándome por pequeñas cosas que ni siquiera importaban. Llegaba a alterarme de tal forma que era una lucha encontrar paz o gozo alguno en mi vida. Finalmente, tuve que aprender a soltar algunas cosas... olvidarlas y seguir adelante.

Cuando realmente comencé a aceptar y creer que Dios tiene el control total, ya no me preocupaba o me estresaba por cada cosita. Cuando sentía que me estaba enfadando por algo sin verdadera importancia, me parecía que Dios decía: "¡Cálmate y anímate! No seas tan vehemente. Aflójate. ¡Disfruta la vida!". Entonces pensaba: *"Oh, está bien. Se supone que debo disfrutar la vida. ¡Dios tiene el control!".*

Como resultado del abuso que sufrí mientras crecía, nunca pude disfrutar nada de mi vida. Nunca llegué a ser realmente una niña, entonces no sabía cómo ser feliz e infantil. Estaba tan tensa y preocupada todo el tiempo que todo me parecía gravoso. Exageraba las cosas desmesuradamente, haciendo un problema de todo.

Finalmente, Dios me ayudó a aprender que podía relajarme, aflojarme y dejar que las cosas sigan su curso, y disfrutar la vida más allá de mis circunstancias. Aprendí que, aunque no todo salía siempre exactamente como quería, no era el fin del mundo.

Parece haber mucho de que preocuparse en el mundo actual, pero si podemos aprender a aflojarnos un poco más, descubriremos que hace que el pesar de la ansiedad sea mucho más liviano y fácil de enfrentar. Jesús comparte estas alentadoras palabras en Juan 16.33: "En este mundo afrontarán aflicciones, pero ¡anímense! Yo he vencido al mundo". El conocimiento de esa maravillosa verdad debería ser razón suficiente para soltar su ansiosa inquietud.

¿Por qué no proponerse en su corazón enfrentar cada nuevo día diciendo: "Este es el día que hizo Jehová; nos gozaremos y alegraremos en él" (Salmo 118:24, RV60).

Saber que Dios tiene el control, y que está bien aflojarse, ¡debería hacerla una mujer mucho más feliz!

49

¡La independencia no siempre es beneficiosa!

¿Ha luchado alguna vez con su independencia? ¿Ha sentido la presión de nuestra sociedad para que sea una mujer más independiente, menos dependiente de otros? El deseo de ser independiente parece estar en lo profundo de cada una de nosotras. Lo ponemos como una de nuestras metas en la vida para poder tomar nuestras propias decisiones y ser nuestra propia jefa. No queremos tener que responder ante nadie ni que nadie esté mirando por encima de nuestro hombro.

El deseo de independencia es en realidad un signo de inmadurez. Un niño pequeño cree que puede hacer cualquier cosa. En lugar de pedir ayuda, quiere hacer todo por sí mismo. Quiere vestirse solo, ponerse sus zapatos, y atarse sus cordones. A menudo se pone los zapatos en el pie equivocado, ata ambos cordones y se tropieza, o se pone la ropa para atrás o al revés.

En nuestras vidas a veces somos así. Aunque otros —nuestros amigos, familia e incluso Dios— tratan de ayudarnos, porfiadamente rechazamos la ayuda porque queremos hacer todo nosotras solas. Y muchas veces acabamos arruinando las cosas.

La mayoría de nosotras estamos rodeadas de gente que nos ama y nos quiere ayudar. Aunque no siempre hagan las cosas como nosotros, realmente desean ser de bendición en nuestras vidas. Incluso Dios mismo está siempre ahí, esperando para asumir las pesadas

> *Una vez que nos entregamos a Dios, debemos quitarnos de en medio y permitirle que nos ayude a manejar nuestra vida.* ∽

cargas que seguimos amontonando sobre nosotras. Dios quiere ayudarnos a manejar nuestras vidas. Como todo padre amoroso, quiere ayudarnos a manejar nuestros asuntos sólo porque nos ama y se interesa por nosotras. El apóstol Pedro dijo: "Depositen en él toda ansiedad, porque él cuida de ustedes" (1 Pedro 5:7). Pero muchas veces rechazamos su ayuda y tratamos de hacer las cosas solas, a menudo con resultados desastrosos. Si queremos experimentar la paz que Dios nos desea a cada una, debemos aprender a ponernos nosotras y nuestras cargas completamente en sus manos... *permanentemente.*

En lugar de entregarle nuestras preocupaciones y cargas por completo a Dios y dejar que se queden con Él, muchas de nosotras vamos a Dios en oración sólo para recibir un poco de alivio temporal. Después de un tiempo nos alejamos y pronto nos encontramos luchando bajo el peso de las mismas viejas cargas y preocupaciones, tratando todo el tiempo de ser más independientes.

La única forma de librarse de estas cargas es vencer la tentación de ser mujeres independientes y ponernos totalmente en manos de Dios.

Una vez que nos entregamos a Dios, debemos quitarnos de en medio y permitirle que nos ayude a manejar nuestra vida. Debemos aprender a no volvernos e intentar arrebatarle las cosas que le hemos dado a Él. No es nuestro trabajo darle guía, consejo o indicaciones a Dios. Nuestra tarea es simplemente confiar en Dios respecto de lo que está sucediendo en nuestra vida, teniendo fe en que Él nos hará saber lo que es mejor para nosotras.

Dios es Dios, y nosotras no lo somos. Aunque resulta fácil comprenderlo, para las mujeres que han sido independientes es difícil practicarlo en nuestra vida cotidiana. Sencillamente debemos confiarnos a su cuidado cada día, sabiendo que Él es mayor que nosotras en todo sentido. Sus pensamientos y sus caminos son más altos que los nuestros. Él tiene una perspectiva de nuestras vidas que nosotras jamás tendremos... pero que necesitamos vitalmente. Si nos entregamos nosotras mismas y nuestras cargas a Él y tratamos de dejar de ser tan independientes, Él nos enseñará sus caminos y nos cuidará mejor de lo que podríamos cuidarnos a nosotras mismas.

50

Arriésguese a cambiar

¿Alguna vez conoció a alguien que parecía estar atrapado en una situación en curso y al parecer desesperada? Odian la vida por ser como es, pero no parecen tener la determinación necesaria para liberarse de ella realizando cambios positivos. Quizás usted es una mujer que está —o ha estado— en esta posición.

Atravesé un tiempo similar a ése en mi propia vida. Tuve una niñez decepcionante y desalentadora, llena de temor, abuso verbal y sexual, violencia, conflictos, peleas, odio, amargura y resentimiento. Como adulta joven, tenía tanta autocompasión que era una desdichada. Y finalmente Dios me dijo: "Joyce, puedes dar lástima o ser poderosa. ¿Qué quieres?". Ésa fue una revelación impactante que me obligó a despertarme y enfrentar la verdad. Sí, había vivido una niñez de abuso y había sufrido todos los problemas que la acompañan, pero me había llegado el momento de elegir superar todo eso y descubrir lo que Dios había planeado para mi vida.

Juan 10:10 nos dice que el trabajo de Satanás es tratar de robarnos la vida abundante que Jesús proveyó para nosotros por medio de su muerte. Y trabaja tiempo extra para lograrlo, tratando de hacer que sintamos pena por nosotras mismas y de convencernos de que estamos en una situación sin esperanza. Pero Juan 8:44 nos dice que "es un mentiroso. ¡Es el padre de la mentira!" Si caemos en sus mentiras, no tardaremos mucho

> *Dios me dijo: "Joyce, puedes dar lástima o ser poderosa. ¿Qué quieres?".* ∞

en tener una actitud totalmente negativa que puede hacer que nos desalentemos o incluso nos deprimamos. A él le gustaría ponernos en un pozo y hacer todo lo que esté en su poder para mantenernos allí. Pero no tiene poder suficiente para hacerlo cuando decidimos enfrentarlo en el nombre de Jesús.

Dios la ama y su plan para usted incluye una actitud positiva y una buena vida, pero si va a tenerla, debe decidir hacer algunos cambios. Mientras permita que Satanás controle su vida y le impida disfrutar la vida abundante que Dios quiere que tenga, él lo hará, pero usted no tiene por qué permitírselo. Cuando se someta a Dios, Él le dará la fuerza para hacer frente al enemigo. Y la Biblia dice que cuando lo resista, él huirá de usted (vea Santiago. 4:7).

Manténgase firme, y hágale saber al diablo que no va a ceder ante él. Cuando se ponga firme *contra* el enemigo y de pie *sobre* la Palabra de Dios, verá que en su vida sucederán maravillosos cambios. Santiago 4:10 nos dice que Dios "los exaltará". ¡Me encanta eso! Jesús la exaltará y hará que su vida valga la pena de ser vivida!

Si quiere ser la clase de mujer que tiene una "vida abundante", debe tener una relación viviente y vital con Jesucristo, el Rey de reyes y Señor de señores. Él vive hoy, y quiere vivir en su interior y marcar una diferencia en su vida. Pero para que eso suceda, usted debe estar dispuesta a hacer algunos cambios.

Decídase a no caer presa de la autocompasión. Es una emoción negativa muy destructiva que nos hace ciegos ante las bendiciones y posibilidades que tenemos ante nosotros. La animo a tomar la decisión de que no va a desperdiciar un solo día más teniendo compasión de sí misma. Si está abierta a hacer algunos cambios y a hacer algo bueno por usted misma, Dios la ayudará. Sea una mujer que está dispuesta a arriesgarse a cambiar, ¡y descubra una vida tan abundante y victoriosa que es mucho mejor de lo que podría imaginar!

51

No complique las cosas

En el mundo ocupado y complicado de hoy, ¿se ha dado cuenta de que a veces es todo un desafío no complicar las cosas? Parece que muchas mujeres tienen la capacidad innata de complicar hasta las cosas más simples.

Hubo una época de mi vida en que hacía todo mucho más complicado de lo necesario. Ni siquiera podía invitar amigos sin hacer un problema por ello. Una vez que me convertí en cristiana, comencé a darme cuenta de que esta área de mi vida realmente necesitaba atención. No me gustaba complicar las cosas, pero no dejaba de hacerlo.

Parecía que mi vida era mucho más compleja que las vidas de los que me rodeaban. Cada área de mi vida parecía ser complicada, no solamente mis acciones, sino también mis procesos de pensamiento. Complicaba mi relación con Dios porque había desarrollado un enfoque legalista de la justicia. Para mí, la vida misma era complicada. Sentía que tenía muchos problemas complejos, y no me daba cuenta de que era así sólo porque tenía una perspectiva complicada de la vida.

Cuando interiormente somos complicados, todo en la vida nos parece serlo.

> *Cuando interiormente somos complicados, todo en la vida nos parece serlo.* ∞

Por ejemplo, recibir amigos e invitados en nuestro hogar era algo que siempre quería hacer pero que nunca disfrutaba. Podía armar planes para una simple barbacoa de hamburguesas o perritos calientes con mi esposo, Dave, y otras tres parejas y, antes de terminar, convertirla en una pesadilla.

Muchas veces el acto de complicar las situaciones nace sencillamente de la necesidad enfermiza de impresionar a la gente. Como fui abusada en mi niñez, me sentí muy insegura de mí misma durante muchos años. Las personas inseguras tratan de impresionar a otros porque sienten que quizás no las acepten tal como son.

Cuando invitaba a alguien, todo debía estar perfecto: la comida y la bebida correctas, la casa inmaculada, el patio arreglado, y los muebles de jardín impecables. Todos los niños debían lucir como si hubieran salido de una revista de modas y, por supuesto, yo tenía que usar el conjunto correcto... y cada cabello debía estar en su lugar.

Y como tenía miedo de que alguien se sintiera excluido, acababa invitando a varias parejas más de las que originalmente había planeado invitar, lo cual significaba que probablemente las sillas de jardín no alcanzarían para todos. Entonces salía a comprar sillas, algo que en realidad no estaba a nuestro alcance.

Y en algún punto del camino, decidía cambiar el simple menú de perritos calientes y hamburguesas, frijoles en salsa de tomate y papas fritas por un menú más impresionante. Entonces corría y compraba bistecs que no podíamos comprar, y hacía ensalada de papas que era un proyecto de dos horas, y preparaba otras guarniciones suficientes para alimentar a un pequeño ejército, ¡Dios nos libre de que se nos fuera a acabar la comida y se arruinara mi imagen! Podría haber preparado té helado, café y limonada, pero tenía que tener todo eso más cuatro clases de gaseosa.

Me esforzaba tanto antes del evento que para cuando llegaban los invitados ya estaba exhausta. Ni su llegada ponía fin a mi trabajo. Continuaba trabajando la mayor parte del tiempo que estaban allí, poniendo y sacando comida, lavando platos, y limpiando la cocina.

> *Dios al fin me ayudó a ver que no hay necesidad de que haga un proyecto de cada evento de mi vida.* ∞

Después comenzaba a sentir resentimiento en mi corazón porque parecía que todos los demás se estaban divirtiendo y disfrutando y dejándome todo el trabajo a mí. Para cuando terminaba la noche, estaba física y mentalmente agotada, preguntándome cómo una simple reunión se había convertido en algo tan complicado.

Finalmente, tuve que enfrentar la verdad de que mis inseguridades y mi necesidad de perfección estaban creando el problema. Cuando busqué la ayuda de Dios, comencé a entender que para tener una vida más simple que pudiera disfrutar, iba a tener que cambiar. La vida no iba a cambiar: yo tenía que cambiar.

¿Algo de esto le suena familiar? ¿Describe su perspectiva de la vida? Proverbios 16:3 da buena instrucción a las mujeres como yo que tienden a complicar todo. Dice: "Pon en manos del Señor todas tus obras, y tus proyectos se cumplirán".

Dios al fin me ayudó a ver que no hay necesidad de que haga un proyecto de cada evento de mi vida. Una vez que supe por qué siempre quería que todo estuviera perfecto, puede ocuparme de mis propias inseguridades y ponerme de acuerdo con Dios. No sucedió de un día para el otro: fue un proceso, pero a la larga pude relajarme y comenzar a simplificar mi vida.

Si usted es una mujer que se complica la vida como yo lo hacía, también puede arrojar sus complicadas obras sobre el Señor y agradarse con su voluntad. La vida no tiene que estar llena de sucesos complicados, así que relájese, no complique las cosas, ¡y deje que Dios establezca sus planes!

52

Sobrevivir a las etapas de la vida

¿Alguna vez siente que ha llegado a cierto punto de su vida que parece no poder superar? Creo que la mayoría de las mujeres nos sentimos de esa forma de vez en cuando porque olvidamos la importancia de la variedad y progresión de las etapas de nuestra vida.

Estamos equipadas con todo lo que necesitamos para vivir vidas fructíferas, equilibradas y exitosas, pero debemos aprender que hay cosas específicas que debemos hacer durante cada etapa antes de que finalmente recojamos la cosecha deseada. Eclesiastés 3:1 dice: "Todo tiene su momento oportuno; hay un tiempo para todo lo que se hace bajo el cielo".

Hay una etapa de la vida en la que es apropiado chuparse el dedo, beber leche de un biberón, y que alguien le dé de comer a uno y lo vista; pero cuando la etapa termina, es muy inapropiado continuar de esa manera. Creo que toda la vida es así: soltar una cosa para asirse a otra. Dejamos un nivel de madurez y pasamos a otro... dejamos una etapa y entramos en otra.

Hay un tiempo apropiado y uno inapropiado para cada cosa debajo del sol, y cuando alcanzamos la madurez suficiente para discernir las etapas de nuestras vidas, podemos superar esa sensación de atascamiento. Nuestras vidas son una progresión... y si queremos tener la plenitud de Dios en nuestras vidas,

Cuando alcanzamos la madurez suficiente para discernir las etapas de nuestra vida, podemos superar esa sensación de atascamiento. ∽

debemos arar la tierra, plantar buena semilla, y luego atravesar la espera y la etapa de desmalezar. Sólo entonces podemos experimentar la maravillosa cosecha que Dios tiene para nuestras vidas.

Arar la tierra se refiere a la preparación de nuestras vidas —roturar el suelo no cultivado— dando vuelta cosas de nuestras vidas que preferiríamos no tener que enfrentar y deshaciéndolas en la buena tierra. Pero cuando le ha pedido a Dios que haga cambios en su vida y comienza la arada, no mire hacia atrás. Jesús nos dice que "ninguno que poniendo su mano en el arado mira hacia atrás, es apto para el reino de Dios" (Lucas 9:62).

Una vez que hemos terminado de arar, el suelo está listo para aceptar las semillas. Creo que el tiempo de la semilla representa la obediencia: aprender a hacer la voluntad de Dios. Cada vez que elegimos la voluntad de Dios en lugar de la nuestra, estamos plantando buena semilla que finalmente traerá una rica cosecha.

Una vez que hemos plantado las semillas, viene el tiempo de esperar y desmalezar, que puede ser tan difícil como las otras etapas. La mayoría de la gente no sabe cómo esperar bien... y quitar malezas no es nada divertido. Éste es un tiempo en el que debemos arrancar las malezas de nuestras vidas —cosas como el enojo y la amargura— y a menos que las saquemos de raíz, volverán a crecer. La espera es el tiempo de arraigarse y cimentarse en el amor de Dios, confiando en que Él traerá la cosecha.

Entonces llega la tan esperada y superabundante cosecha: un tiempo en el que los deseos de nuestro corazón se convierten en una realidad. Nuestros hijos cambian. La prosperidad viene. Tenemos favor dondequiera que vamos. Recibimos ascensos y honor... y disfrutamos de un tiempo de paz. Dios trae justicia por todas las injusticias pasadas de nuestra vida. El gozo es nuestro estado de ánimo normal. Oímos a Dios y sentimos y disfrutamos su presencia todo el tiempo.

Suena bueno el plan, ¿no? Y si usted es una mujer que está teniendo dificultades para sobrevivir en la vida, la animo a sincronizar con las etapas. Siga el plan de Dios de arar, plantar, desmalezar y esperar... ¡y experimente la emoción de una cosecha como nunca ha visto antes!

53

Primer lugar... último lugar... ¿o segundo lugar?

Hoy en día las mujeres oímos mucho acerca de la importancia de priorizar cosas en nuestra vida, y en nuestro mundo tan acelerado, sabemos que es una buena idea. Si no nos planteamos la forma en que pasamos nuestro tiempo y evaluamos la importancia de las cosas que consideramos importantes, es fácil perder de vista lo que realmente cuenta.

La Palabra de Dios nos brinda una solución muy sabia pero simple para establecer prioridades. En Mateo 6:33, se nos dice que cuando buscamos primeramente el reino de Dios y su justicia, Él nos dará todo lo que necesitamos. Es cuestión de poner a Dios primero en nuestras vidas. ¿Simple? Sí. ¿Fácil? ¡No necesariamente!

Aunque quizás nos sintamos frustradas con nuestras vidas y queramos que Dios ayude, a veces resulta difícil ponerlo a Él primero sistemáticamente. Puede parecer sencillo confiarle su vida a Dios cuando está en la iglesia el domingo por la mañana, pero el lunes quizás se sienta tentada a volver a tomar el control. Buscar a Dios y ponerlo primero requiere construir una relación íntima con Él que la sostenga todos los días de la semana. Dios es quien mejor sabe lo que las mujeres necesitan, y anhela brindarlo, pero requiere que le demos prioridad en nuestras vidas.

Hace muchos años, cuando comencé mi relación con Dios, no me la tomaba realmente en serio. Al igual que muchos otros cristianos, dedicaba tiempo a la iglesia el domingo. Incluso estaba en el consejo de la iglesia, y mi esposo, Dave, era anciano. El problema era que cuando estaba en casa o en el trabajo, era difícil diferenciar entre un incrédulo y yo. Yo había aceptado a Cristo. Iba camino al cielo, y amaba a Dios. Pero no lo amaba con *todo* mi corazón: había muchas áreas de mi vida que todavía no le había rendido a Él. Como resultado, estaba frustrada, y mi vida carecía de victoria y gozo.

Finalmente, clamé a Dios pidiendo ayuda, y gracias a Dios, me oyó y contestó mi oración. Comenzó a mostrarme que necesitaba sacarlo de mi "caja del domingo por la mañana" y permitirle entrar en cada área de mi vida.

Uno de los pasajes que realmente me molestaba en mis "días en que no tomaba seriamente mi relación con el Señor" era Marcos 12:30. Aquí, Jesús dice: "Ama al Señor tu Dios con todo tu corazón, con toda tu alma, con toda tu mente y con todas tus fuerzas". Yo solía creer que esto significaba que tenía que orar, leer la Biblia, ir a la iglesia, y escuchar cintas de enseñanzas cristianas desde la madrugada hasta el anochecer, pero no es cierto. Lo que significa es que Dios quiere que lo incluyamos en *cada cosa* que hacemos. Sí, Él quiere ser parte de nuestro domingo, pero también quiere involucrarse en nuestras vidas desde nuestro lunes hasta el sábado. Quiere ayudarnos con nuestra forma de pensar, hablar y actuar, y quiere ser parte de cada decisión que tomamos.

Dios quiere hacer cosas grandes en las vidas de las mujeres hoy, pero cuando le damos el segundo lugar, o a veces el último, ponemos limitaciones a lo que podemos recibir de Él. No podemos tener bendiciones "principales" si Dios está "al margen" de nuestra vida. Poner a Dios primero no significa que seamos tan superespirituales que no podamos disfrutar nada. Dios quiere que disfrutemos las cosas, sólo que no quiere que ellas nos controlen. Puedo decirle por experiencia propia que usted *puede* servir a Dios con todo su corazón y aún así *pasarlo bomba* en la vida.

> *Cuando le damos a Dios el segundo lugar, o a veces el último, ponemos limitaciones a lo que podemos recibir de Él.* ∞

A medida que aprende a poner primero a Dios, habrá momentos en que Él le pedirá cosas que usted no *quiere* hacer. Pero es justamente en esos momentos —cuando es obediente a Dios, haciendo lo que Él quiere— que lo está poniendo en primer lugar y desarrollando un carácter piadoso. Y la recompensa bien vale la pena del esfuerzo.

Entonces siga adelante y dele a Dios el primer lugar en su vida por medio de la obediencia y la comunión, y experimente la felicidad y estabilidad que provienen de una vida transformada, ¡una vida con las prioridades adecuadas!

54

Esté agradecida por lo que ya tiene

*H*e llegado a entender la importancia de aprender a vivir un día por vez. Si está familiarizada con las historias del Antiguo Testamento, es probable que recuerde cómo Dios proveía a los israelitas el maná suficiente para la comida de un día cuando estaban en el desierto. Esto nos brinda un excelente ejemplo de la forma en que Dios piensa. Él quiere que vivamos en el ahora. Si nuestras mentes están siempre en el ayer o en el futuro, no estamos disfrutando el hoy. Es necesario que nos concentremos en lo que estamos haciendo ahora, y disfrutemos cada pequeño aspecto de nuestro día hoy. ¿Por qué? Porque Dios nos dará la gracia para enfrentar el mañana, pero no nos la dará *hasta* que llegue el mañana.

Estar agradecidas por lo que ya tenemos es un aspecto importante de la felicidad para una mujer cristiana que vive en el ahora. Filipenses 4:6 dice: "No se inquieten por nada; más bien, en toda ocasión, con oración y ruego, presenten sus peticiones a Dios y denle gracias". Recuerdo una vez que estaba orando para que Dios me diera algo, y me dijo: "¿Por qué debería darte algo más por lo cual quejarte? Si no estás agradecida por lo que ya tienes, entonces no estarás agradecida si te doy más".

> *Cuando usted aprende a vivir en un perpetuo estado de agradecimiento y gratitud, puede ser feliz en este momento.* ∞

Para serle sincera, quedé algo impactada en ese momento. Pero cuanto más pensaba en ello, tanto más me daba cuenta de que había oído al Señor correctamente. Es muy probable que haya en su vida algunas cosas que Dios le ha provisto en respuesta a sus oraciones, y por las cuales estuvo agradecida en un principio, pero ahora está insatisfecha otra vez. Por mucho que le dé a su carne, sólo quiere más y más. Antes de que Dios me dé algo más, Él debe asegurarse de que soy lo suficientemente madura y espiritual para cuidarlo. Sólo necesitamos ser más agradecidas por lo que tenemos y creer que cuando estemos preparadas, Dios nos confiará algo más.

Las cosas buenas no nos suceden a las mujeres automáticamente cuando aceptamos a Cristo como nuestro Salvador. Hay ciertas cosas que debemos hacer, ciertas formas en las que debemos vivir, ciertas decisiones que debemos tomar si realmente queremos ser mujeres de Dios felices y satisfechas. Demasiadas mujeres esperan que algo bueno les ocurra... con la esperanza de que cuando eso suceda, estarán agradecidas y felices. Pero cuando aprende a vivir en un perpetuo estado de agradecimiento y gratitud, usted puede ser feliz ahora mismo.

El Salmo 144:15 dice: "¡Dichoso el pueblo cuyo Dios es el Señor!". No dice: "Dichosa la mujer cuyas circunstancias son exactamente como ella desea", o "Dichosa la mujer adinerada", o "Dichosa la mujer famosa". Sea cual fuere su situación, usted puede tomar la decisión de estar feliz y satisfecha en este mismo momento. La clave es el agradecimiento.

Una de las formas en las que podemos mostrar nuestro aprecio por todo lo que Dios ha hecho por nosotras es ser de bendición a otros. Cuando nos reconciliamos con Dios por medio de Jesucristo, se nos da el ministerio de la reconciliación, para que a través de nosotras, mediante palabras y hechos, otra gente pueda reconciliarse con Dios por lo que ve en nosotras y lo que nos oye decir. El semblante de una mujer cristiana debería ser la envidia de quienes la rodean. ¿Qué cosa de usted haría que sus amigos y familia desearan ser cristianos? ¿Alguna vez se ha hecho esa pregunta?

> *Nuestra ocupación debería ser afectar a la gente con nuestra gratitud, felicidad y gozo.* ∞

No deberíamos ir de aquí para allá robándole el gozo a la gente. Nuestra ocupación debería ser *afectar* a la gente con nuestra gratitud, felicidad y gozo. Es nuestra forma de vivir nuestra vida cotidiana lo que puede marcar la diferencia en otro. No podemos testificar verbalmente a cada uno, pero nuestras vidas mismas pueden dar testimonio a mucha gente.

Debemos dejar de ser egoístas y vivir para nosotras mismas. Deberíamos levantarnos cada día con el propósito de ser de bendición para alguien. El tema principal de nuestras vidas como mujeres cristianas debería ser dar, servir, y amar a otros. Filipenses 2:3, 4 dice: "No hagan nada por egoísmo o vanidad; más bien, con humildad consideren a los demás como superiores a ustedes mismos. Cada uno debe velar no sólo por sus propios intereses sino también por los intereses de los demás".

Lamentablemente, muchas mujeres están más interesadas en sí mismas que en ninguna otra persona. Pero se supone que debemos morir al yo. Jesús murió a su yo e hizo la voluntad del Padre, y acabó teniendo el nombre que es sobre todo nombre. Y si tan sólo hacemos lo que el Señor nos pide, ¡la recompensa literalmente nos perseguirá y nos alcanzará!

Tengo una sugerencia, y por favor tome esto con el espíritu en el que se la ofrezco... desde mi corazón: Aparte su mente de sus propios problemas, y permita que Dios la use para hacer algo bueno en la vida de otro. Comience ahora mismo a sembrar semillas que produzcan una buena cosecha en su propia vida. Eso es lo que sucede cuando hace cosas buenas para otros. Si vive esa vida desinteresada, obediente y agradecida, Dios la ascenderá y la honrará. Él la usará para hacer cosas que nadie más podría hacer. Sea todo lo que puede ser y haga todo lo que puede hacer para ser una bendición a otros. Y por sobre todas las cosas, esté agradecida por lo que ya tiene. ¡Dios la bendecirá más allá de lo que se pueda imaginar!

55

Cinco consejos prácticos para ayudarla a vivir una vida disciplinada

Creo que Dios nos da a todas las mujeres el deseo y la voluntad de querer cosas buenas para nuestras vidas, así que desear tener un buen plan y hacer lo correcto no es nuestro problema. Nuestro problema es ejercer la disciplina y el dominio propio. ¿No es interesante que el fruto del Espíritu no sea el control de Dios, sino el dominio propio? Proverbios 25:28 comparte un pensamiento importante sobre el ejercicio de la disciplina. "Como ciudad sin defensa y sin murallas es quien no sabe dominarse". ¡Esto me dice que una mujer que actúa con dominio propio es bastante poderosa!

Una mujer indisciplinada siempre busca formas de evitar el trabajo duro. Proverbios 31 habla de la mujer ideal. ¡No hay un solo hueso perezoso o indisciplinado en su cuerpo! A esta mujer se la describe como "Mujer ejemplar... ¡Es más valiosa que las piedras preciosas!" en el versículo 10. En el versículo 12, "ella... es fuente de bien, no de mal, todos los días de su vida". El versículo 13 la describe como una mujer que "gustosa trabaja con sus manos". En el versículo 16, es una mujer de negocios que "calcula el valor de un campo y lo compra; con sus ganancias planta un viñedo".

Ésta no es una mujer perezosa. La insto a leer el capítulo completo sin verlo como una meta imposible para usted. La mujer de Proverbios 31 se somete al plan de Dios simplemente haciéndolo. Como mujeres, necesitamos darnos cuenta de que una vida disciplinada requiere duro esfuerzo y abnegación, pero que la recompensa vale la pena del esfuerzo.

El Espíritu Santo le dará el poder para controlarse, pero creo que hay cinco cosas que debe hacer para cooperar con Él. Primero, debe *salir de la negación:* pensar seriamente y reconocer las áreas de sí misma en las que está teniendo problemas. Después, *eliminar las excusas:* deje de dar toda clase de malos pretextos para actuar como lo hace. Tercero, *enfrentar la verdad:* deje de ocultarse de la verdad y enfréntela por muy dolorosa que pueda ser. Cuarto, *pedir ayuda:* confiésele al Espíritu Santo que hay áreas de su vida que están fuera de control, y busque su ayuda. Y por último, *dejar de sentir lástima de sí misma:* decídase a tener pensamientos que levantan el espíritu y trabaje hacia metas positivas y asequibles.

Comience con cosas como recoger su ropa, hacer su cama cuando se levanta y limpiar la mesa después de comer. No deje un lío para que otro lo limpie. Una mujer disciplinada no da trabajo extra a los demás. Aprenda a hacer las tareas difíciles volando quitándolas de su camino primero. Y termine lo que empieza. Si la interrumpen, oblíguese a volver y terminar la tarea original. Tantas mujeres nunca tienen bajo control las tareas domésticas porque comienzan demasiados proyectos a la vez en lugar de comenzar y terminar de a uno por vez.

Entrénese para ser puntual. Llegar tarde es un mal hábito que no se puede romper hasta darse cuenta de lo descortés y egoísta que es. Cuando desee cultivar la puntualidad, planee con anticipación y deje suficiente tiempo en lugar de esperar hasta el último minuto y luego tener la presión de correr. Una vida de presión constante puede causarle problemas de salud tales como ulceras y presión sanguínea alta. Entonces llegar a tiempo no solamente es cortés, ¡es bueno para su salud!

> *Deje de sentir lástima de sí misma: decídase a tener pensamientos que levantan el espíritu y trabaje hacia metas positivas y asequibles.* ∞

Cuando empiece a trabajar sobre su dominio propio, aprenda a amar a sus críticos. Aprenda a apreciar la preocupación y corrección de gente que se interesa por usted, pero por sobre todas las cosas desee y tenga en cuenta la corrección de Dios. Proverbios 1:3 dice: "para recibir la corrección que dan la prudencia, la rectitud, la justicia y la equidad".

Una mujer que desea convertirse en una cristiana madura debe aprender a vivir una vida disciplinada. Debe superar el pensamiento de que no lo puede hacer porque es demasiado difícil. Durante una parte especialmente difícil de mi experiencia de aprendizaje, me quejé a Dios por lo dura que era. Él dijo: "Joyce, ¿quieres dar lástima o ser poderosa? La elección es tuya". Cuando tomé mi decisión y le pedí a Dios que me ayudara, lo hizo. Él hará lo mismo por usted.

El carácter disciplinado requiere tomar buenas decisiones en forma sistemática. El éxito o el fracaso dependen de la capacidad de priorizar. Entonces aprenda a distinguir lo que es realmente importante y subordinar lo menor a lo mayor. Filipenses 1:10 nos advierte: "para que disciernan lo que es mejor".

El fruto de la carne es descontrol, pero el fruto del Espíritu es disciplina y dominio propio. Permita que el Espíritu Santo la ayude a ejercer moderación sobre sus pensamientos, sentimientos, deseos y acciones. Creo que pronto descubrirá que puede cambiar su mundo personal de frustración y transformarlo en victoria por medio de la libertad que se alcanza por la disciplina y el dominio propio.

56

La comunicación es la clave de las buenas relaciones

*M*uchas parejas cristianas que conozco mencionan sistemáticamente la incapacidad de comunicarse como uno de sus mayores problemas. Pero el tema de la comunicación no se limita a los desafíos de los matrimonios: también es un factor clave en cada relación que me pueda imaginar. Comprender las diferencias de personalidad como así también concederles valor y tomar la decisión de honrar y respetar a los demás mejorará grandemente su comunicación y, por consiguiente, sus relaciones.

Necesitamos ser cuidadosos con los tonos de voz y el lenguaje corporal. La forma en que sonamos es muy importante. ¡En efecto puede ser más importante que lo que decimos! He descubierto que puedo disentir con Dave en un tono insultante, pero también puedo decir lo mismo con otro tono de voz y no le molesta en absoluto. Se dice que el 93 por ciento de la comunicación es no verbal: el 68 por ciento sería el tono de voz, y la expresión facial o lenguaje corporal representa el restante 25 por ciento.

> *Se dice que el 93 por ciento de la comunicación es no verbal : el 68 por ciento sería el tono de voz, y la expresión facial o lenguaje corporal representa el restante 25 por ciento.* ∞

Como mujeres que tratamos con nuestras parejas, nuestros supervisores y otros hombres con los que trabajamos, debemos tener presente que los hombres normalmente responden por lógica y las mujeres tienden a responder más por emociones. En realidad, ésta es la forma en que Dios nos creó. No significa que uno esté en lo correcto y el otro equivocado, pero entender la diferencia ayuda.

Permítame ilustrar lo que quiero decir compartiendo algo con lo que Dave y yo solíamos lidiar casi en formal anual. Yo quería ir de vacaciones, sentía que necesitaba un cambio de ritmo y un poco de tiempo a solas con él, entonces le comuniqué mis sentimientos a Dave. Como él no está muy motivado por sentimientos, respondió por lógica con algo como esto: "No nos alcanza el dinero para ir de vacaciones. Sólo tenemos unos pocos cientos de dólares, y necesitamos una cortadora de césped nueva".

Su lógica no satisfizo mi necesidad emocional, por lo que me sentí no amada, incomprendida, poco apreciada y rechazada. Mi falta de compresión de la lógica de Dave —que tratar de tomarnos unas vacaciones en ese momento sería una presión financiera— lo frustraba. Puesto que él tenía el rol de proveedor, su lógica le decía que proveer una nueva cortadora de césped era de mayor importancia que proveer unas vacaciones. Su lógica lo veía como un lujo que no nos podíamos dar en ese momento. Mis emociones lo veían como una necesidad definida. La comunicación adecuada entre las parejas que entienden las diferencias puestas por Dios y la importancia del respeto, el tono de voz y el lenguaje corporal puede resolver esta situación sin guerra.

Yo sentía que estaba expresando una necesidad y que mi esposo debería haber estado dispuesto a satisfacerla. Dave era y es tan maravilloso. En aquel momento, no podía llevarme de vacaciones, pero me invitó a una salida especial una noche, lo que resolvió mi necesidad emocional y lo mantuvo financieramente solvente. ¿Ve lo que estoy diciendo aquí? Siempre hay una manera de resolver las situaciones si nos mantenemos en calma y la buscamos.

> *Tome la decisión de intentar entender al hombre o a los hombres que hay en su vida antes que intentar cambiarlos.* ∞

No permita que el diablo le diga que es imposible estar felizmente casada con alguien totalmente distinto de usted. Tome la decisión de que va a intentar entender al hombre o a los hombres que hay en su vida antes que intentar cambiarlos.

Cuando siembre comprensión, cosechará comprensión. Cuando siembre respeto, valor, y honor, puede esperar cosechar lo mismo. Génesis 2:24 dice: "Por eso el hombre deja a su padre y a su madre, y se une a su mujer, y los dos se funden en un solo ser". El plan de Dios en efecto es glorioso si podemos dejar de pelear lo suficiente como para verlo.

Creo que hombres y mujeres en realidad pueden ser uno por medio de la comprensión, el valor y el honor. Todos nos necesitamos unos a otros, y aún cuando no estemos de acuerdo en todo, podemos aprender a estar en desacuerdo agradablemente. Los hombres tienen tanto derecho de tener una opinión como nosotras. Pida que el Espíritu Santo le dé una revelación sobre el respeto y el honor y cómo trabajar juntos como equipo. Literalmente le ahorrará miles de peleas y la hará una mujer cristiana más feliz y satisfecha, amada y admirada por quienes la rodean.

5 7

Confronte su temor con su fe

Hace muchos años mi actitud ante la vida era sumamente negativa. Era tan mala que hasta unas pocas horas antes de casarme con Dave, tenía una sensación muy persistente de que Dave se iba a arrepentir: que yo aparecería en la iglesia y él no estaría allí. Había experimentado tantas desilusiones, estragos y situaciones de sufrimiento que tenía un pensamiento más o menos así: "Si no espero que suceda nada bueno, no me voy a desilusionar si no ocurre". Creía que por pensar de esa forma me estaba protegiendo de la desilusión, pero la realidad es que era desdichada.

Cuando por primera vez comencé a estudiar la Palabra de Dios en serio, el Señor me mostró que tenía muchos temores profundamente arraigados y que necesitaba solucionarlos. Un día mientras me preparaba para salir, de repente Dios me hizo tomar conciencia de un fuerte sentimiento de temor que hacía sombra sobre mí. Era una sensación vaga de que algo malo me iba a pasar ese día.

¡En unos momentos Dios me reveló que había vivido con ese sentimiento la mayor parte de mi vida! Entonces le pregunté qué era. Percibí que la respuesta del Espíritu Santo fue: "Son *premoniciones malignas*". Fui al diccionario y encontré que Webster define la palabra *premonición* como "una sensación de mal o desgracia inminente". Hasta ese momento, nunca había oído cosa semejante. Sin embargo, el Señor me confirmó esta verdad guiándome a Proverbios 15:15, que dice: "Para el afligido todos los días son malos; para el que es feliz siempre es día de fiesta".

Cuando Dios me mostró esto, comencé a darme cuenta de que Satanás había estado reproduciendo la misma cinta en mis oídos durante toda mi vida. Decía: "Te va a suceder algo malo". Cuanto más meditaba en su mensaje, tanto más se arraigaba en mi forma de pensar y de hablar. Recibía, creía y declaraba esos sentimientos de temor. Como resultado, estaba de acuerdo con el enemigo de mi alma.

He descubierto que la fe es el mejor antídoto contra el temor. Aunque no podemos hacer nada para impedir que el enemigo traiga sus pensamientos de temor contra nosotros, podemos elegir qué vamos a pensar. Por medio de la poderosa fuerza de nuestra fe y las palabras de nuestra boca, podemos vencer los ataques de Satanás.

La fe es una fuerza que atrae la voluntad de Dios a nuestras vidas. Para que mis pensamientos de temor se quebraran, mi forma de pensar necesitaba renovarse. Dios quería librarme, pero para poder recibir su libertad, yo debía tener fe. Hebreos 11:6 dice: "... sin fe es imposible agradar a Dios".

¿Qué me dice de usted? El temor ¿tiene un lugar activo en su vida? Creo que muchas mujeres experimentan miles de temores, pero las que deciden rechazar las mentiras de Satanás y tener fe en la Palabra de Dios vencen el temor y frustran el plan de Satanás de paralizarlas e impedir que se conviertan en las poderosas mujeres de Dios que Él planeó que fueran.

En cuanto a mí, una vez que reconocí que el temor tenía un rol activo en mi vida, tomé la decisión de enfrentarlo. Aunque para mi mente no tenía sentido y no *sentía* emociones que lo respaldaran, decidí creerle a Dios para que me sucedieran cosas buenas. Dios honró mi fe y me ayudó a desarrollar una perspectiva positiva.

Pero sentía que aún faltaba algo. Entonces volví a Dios y dije: "Aunque hice lo que me dijiste, no veo mucho cambio en mi vida. He dejado de pensar y de declarar pensamientos negativos y de miedo, entonces ¿qué está sucediendo?". Su respuesta fue tan clara. Él me dijo: "Joyce, has dejado de pensar y de

> *He descubierto que la fe es el mejor antídoto contra el temor.*

declarar pensamientos negativos y de miedo, pero no has comenzado a decir cosas positivas".

El Señor me enseñó que no es suficiente con dejar de hacer lo incorrecto: debemos comenzar a hacer lo correcto. En este caso, lo correcto era empezar a declarar las promesas de Dios que están registradas para que todos las vean en su Palabra. Pasar al ataque en lugar de estar bajo ataque es la clave para mantener al diablo lejos de nuestras espaldas.

Génesis capítulo 1 nos dice que Dios habló y creó el mundo y todo lo que hay en él. Romanos 4:17 dice que servimos a un Dios que "llama las cosas que no son como si ya existieran". Con esto en mente, hice una lista de aproximadamente cien confesiones — todas basadas en la Palabra de Dios— que sentía que Él quería que comenzara a decir. Dos y tres veces por día comencé a declarar estas cosas con respecto a mi vida.

Cuando Dios me llamó por primera vez, puso en mi corazón que tendría un ministerio mundial de audioenseñanzas grabadas. ¡En aquel momento ni siquiera sabía lo que era una audioenseñanza grabada! Entonces, una de las cosas que comencé a decir en voz alta fue: "Voy a tener compromisos para dar charlas todos los días de mi vida, por correo, por teléfono y en persona". Cuando comencé a decir esto, no tenía ni un solo compromiso para dar charlas y nunca había recibido una invitación para hablar en ningún lado. Ahora recibo cientos de invitaciones cada mes.

El punto es que una vez que logré que mi mente y mi corazón se pusieran de acuerdo con la voluntad de Dios, Dios comenzó a moverse poderosamente en mi vida. Cuanto más recibía, creía y declaraba la Palabra de Dios contra los temores engañosos del diablo, tanto menos pudo Satanás manipularme y controlarme. No me llevó mucho tiempo empezar a ver cambios radicales virtualmente en cada área de mi vida.

> *Pasar al ataque en lugar de estar bajo ataque es la clave para mantener al diablo lejos de nuestras espaldas.*

La animo a abrirle su corazón a Dios, y a pedirle que le muestre toda área de su vida en la que tenga temor. El temor la atacará, pero usted no es una cobarde porque la ataque.

El miedo sólo se convierte en un problema cuando lo aceptamos y actuamos en consecuencia en lugar de hacerle frente y confrontarlo con la verdad de la Palabra de Dios. La próxima vez que el temor venga contra usted, no diga: "Tengo miedo... tengo miedo... tengo miedo..." En lugar de eso, abra su boca y diga: "¡Algo bueno me va a pasar! Dios tiene un buen plan para mi vida. ¡Por medio de Cristo soy más que vencedora!" (vea Lamentaciones 3:25; Jeremías 29:11; Romanos 8:37). Cuando enfrenta ofensivamente los temores de Satanás, le cierra la puerta a él y se la abre a las bendiciones de Dios.

58

Enfrente la verdad y encuentre la libertad

Hoy vivimos en un mundo lleno de gente que vive vidas falsas. Esta gente siempre está aparentando y ocultando cosas de otros porque tiene temor de enfrentar la verdad. No entiende que la verdad es algo maravilloso. En efecto, en Juan 8:31, 32, Jesús nos dice: "Si vosotros permaneciereis en mi palabra, conoceréis la verdad, y la verdad os hará libres" (RV60).

Pero tan maravillosa como es la verdad, debemos estar listos para enfrentarla. Con frecuencia es dura; nos impacta mostrándonos una realidad para la que quizás no estemos preparados si no es el tiempo apropiado. Muchas mujeres viven en un mundo irreal que han desarrollado para protegerse a sí mismas.

Por ejemplo, yo tenía muchas dificultades en mi vida, pero echaba la culpa de todas a los demás y a mis circunstancias. Me costó mucho desarrollar y mantener buenas relaciones, y estaba convencida de que toda la gente vinculada a mi vida debía cambiar para que nos pudiéramos llevar bien.

Un día mientras oraba para que mi esposo cambiara, el Espíritu Santo comenzó a hablar a mi corazón. Me hizo dar cuenta de que yo era el principal problema, no mi esposo. La bomba de esa verdad me dejó emocionalmente devastada durante tres días. Quedé impactada y horrorizada cuando el Espíritu Santo suavemente develó el engaño al que yo misma me había conducido al creer que todos eran el problema

> *"La única forma de salir es a través de ella."* ∽

menos yo. Me reveló que yo era una persona difícil de tratar e imposible de mantener feliz —y además, era criticona, egoísta, dominante, controladora, manipuladora, negativa y rezongona— y eso era sólo el comienzo de la lista.

Me resultó sumamente difícil enfrentar esta verdad, pero cuando el Espíritu Santo —a quien en Juan 16:13 se lo llama "el Espíritu de verdad"— me ayudó, fue el comienzo de mucha sanidad y libertad para mi vida. Muchas de las verdades que hoy enseño a la gente surgieron de esa revelación inicial de mí misma en 1976. Mi vida desde entonces ha sido una serie de nuevas libertades, cada una precedida por una nueva verdad.

Me resulta absolutamente asombroso darme cuenta de que todas las mentiras que creí por tantos años en efecto me mantuvieron atada. Tenía miedo de la verdad, y no obstante era lo único que podía hacerme libre.

La única forma de ser libres de toda cosa que hayamos experimentado en el pasado es enfrentarla con Dios y permitirle que nos saque de ella. A menudo digo: "La única forma de *salir* es *a través de ella*". Preferiríamos encontrar un camino alternativo, pero por lo general ése no es el método de Dios. Las circunvalaciones son buenas para viajar por tierra pero no en el viaje de la vida. En ella, la mejor política es la simple y sencilla verdad: enfrentar todo y no evitar nada.

Las mujeres que se han acostumbrado a evitar la verdad quizás no entiendan realmente lo que es y cómo incorporarla a sus vidas. Las palabras que se encuentran en Efesios 4:15 nos dicen cómo hacerlo: "...al vivir la verdad con amor...". Esto lo dice todo. ¿No suena mucho mejor que vivir una vida de mentiras y apariencias?

No tenga temor de la verdad. El Espíritu Santo no la va a llamar a enfrentar una verdad respecto de sí misma hasta que esté lista para manejarla. Cuando llegue ese momento, la animo a permitirle que la guíe a salir de sus temores hacia una vida de bendita paz y libertad de ataduras.

No siga engañada. ¡Dele cada día la bienvenida a la verdad en su vida, y experimente una vida de libertad!

59

Jugar al escondite con Dios

$\mathcal{A}$ través de mis años en el ministerio, muchas mujeres me han preguntado: "¿Por qué no siento la presencia de Dios en mi vida?" A veces yo me hice la misma pregunta.

Algunas mujeres pueden preguntarse si han hecho algo que hizo que Dios las dejara, pero no es así. En Hebreos 13:5 Dios mismo dice: "Conténtense con lo que tienen, porque Dios ha dicho: 'Nunca te dejaré; jamás te abandonaré'". Este versículo de la Biblia expresa con suficiente claridad que Dios no nos abandona. Se ha comprometido a soportarnos y ayudarnos a atravesar nuestros problemas.

Aunque es verdad que Dios nunca nos deja ni nos abandona, algunas veces se "esconde" por un tiempo. Me gusta decir que a veces Él juega al escondite con sus hijos. A veces Él se esconde de nosotros hasta que, cuando lo extrañamos demasiado, comenzamos a buscarlo. Jesús nos instruye en Mateo 7:7,8: "Pidan, y se les dará; busquen, y encontrarán; llamen, y se les abrirá. Porque todo el que pide, recibe; el que busca, encuentra; y al que llama, se le abre". Esto suena como un buen incentivo para buscarlo: para buscar su voluntad y su propósito para nuestras vidas.

Pensar en su bondad suele hacer que deseemos una mejor relación con Él simplemente por lo que es, no por lo que pueda hacer por nosotros. ∞

Buscar a Dios es central para nuestro caminar con Él; es vital para el progreso espiritual. Hebreos 11:6 dice que Él "recompensa a quienes lo buscan". Ésta es otra razón fundamental para buscarlo, pero ¿qué significa exactamente buscar a Dios?

Una manera en que podemos buscar a Dios es pensando en Él. Pensar en su Palabra, en sus caminos, en lo que Él ha hecho por nosotros, en cuán bueno es y cuánto lo amamos nos prepara para buscarlo más directamente. Pensar en su bondad suele hacer que deseemos una mejor relación con Él simplemente por lo que es, no por lo que pueda hacer por nosotros.

Como nuevos cristianos, estamos realmente muy necesitados cuando comenzamos a relacionarnos con Dios. Él establece su relación con nosotros como un amoroso Padre que está siempre dispuesto a satisfacer nuestras necesidades y a hacer por nosotros las cosas que no podemos hacer sin Él. Esto es bueno y saludable como comienzo, pero llegará el momento en que deberemos hacer una transición. Deberemos dejar atrás esos comienzos y empezar a ser maduros.

Mientras los hijos crecen sus padres se sienten felices de cuidarlos. Pero cuando han crecido y madurado, los padres quieren que sus hijos los amen por lo que son, no por lo que pueden hacer por ellos. Si nuestros hijos adultos sólo vienen a vernos cuando quieren algo, eso nos duele. Queremos que nuestros hijos nos visiten porque disfrutan de nuestra presencia.

Lo mismo pasa con Dios. Él quiere bendecirnos con todas las cosas buenas, pero cuando sólo lo buscamos por la razón errónea —con el único motivo de obtener algo de Él— eso le duele. Cuando esto sucede, Él se esconde de nosotros por un tiempo. Si a usted le sucede esto, es una buena oportunidad para analizar sus motivos. ¿Busca a Dios solamente cuando necesita algo de Él? ¿O tiene un verdadero anhelo y deseo de conocerlo íntimamente... siempre?

Una relación íntima con el Dios santo es algo para ser deseado y atesorado por todas las mujeres, y mantener una relación así requiere nuestra diaria atención. Cuando por fin comencé a buscar a Dios con regularidad, comencé a disfrutar de su presencia con regularidad.

Así que si usted está cansada de jugar al escondite con Dios, hágale saber que desea tener su presencia en su vida. Cuando lo busque regularmente, por los motivos correctos, Él se sentirá complacido, dejará de escondérsele y la bendecirá con su presencia.

60

O mejora o se amarga: ¡usted elige!

Si alguna vez se ha sentido usada, abusada, desengañada, malinterpretada, olvidada, estafada, o se han aprovechado de usted, usted es una mujer que sabe cómo es estar "quemada". La mayoría de nosotras hemos vivido algunas de esas penosas experiencias en uno u otro momento.

La realidad es que siempre habrá gente que nos moleste y nos haga enojar: nunca podremos escapar de todas las personas descorteses, egoístas e injustas. También habrá oportunidades en que las personas en quienes confiamos nos decepcionen y abandonen. Infortunadamente, es casi imposible relacionarse con la gente sin ser herido u ofendido algunas veces.

Si usted ha sido herida, probablemente sepa que por lo común nuestra primera respuesta es disgustarnos o enfadarnos. Tener emociones negativas cuando hemos sido lastimados es una inclinación natural, y no creo que sea pecado *sentir* emociones negativas. Creo que el pecado aparece cuando comenzamos a *expresar* esas emociones.

Me siento profundamente agradecida de que Dios haya provisto para nosotras una manera de evitar que comencemos a amargarnos cuando hemos sido quemadas. Nos ha dado a cada una el poder de su Espíritu Santo, que incluye el fruto del dominio propio. Con el tiempo,

¿Qué es la gracia? Es el poder de Dios para hacer con facilidad lo que no podríamos hacer por nosotros mismos. ∞

y mediante la experiencia, Dios desarrolla en nosotras la capacidad de controlarnos a nosotras mismas, operando en el fruto del dominio propio mientras dependemos de Él. Esto significa que no decimos o hacemos cualquier cosa que sintamos.

Ejercer el dominio propio es una elección: es *nuestra* parte en la lucha con las emociones negativas. Pero el poder para soltar y perdonar las ofensas de otros sólo viene de Dios: no podemos hacerlo en *nuestras* propias fuerzas. Filipenses 2:13 dice: "Pues Dios, según su bondadosa determinación, es quien hace nacer en ustedes los buenos deseos y quien los ayuda a llevarlos a cabo" (DHH).

Es por esto que resulta tan importante volverse inmediatamente a Dios en el momento en que somos ofendidas y pedirle que nos dé su *gracia* para mantener nuestra paz y perdonar a nuestro ofensor.

¿Qué es la gracia? Es el poder de Dios para hacer con facilidad lo que no podríamos hacer por nosotras mismas, no importa cuánto nos esforzáramos. "Pero él... da gracia a los humildes" (Santiago 4:6). Cuando la gente nos lastima, Dios quiere que tomemos la decisión de perdonarla, dependiendo de su gracia, y agradeciéndole porque saldremos victoriosas del proceso.

En vez de *amargarnos* por las cosas que debemos atravesar, podemos reconocer esos tiempos de prueba como oportunidades para llegar a ser *mejores*. Cuando alguien nos hace algo malo, podemos tomar esa experiencia y aprender lo que *no* debemos hacer en nuestra relación con otros. A veces Dios usa en nuestras vidas a ciertas personas —así como nos usa a nosotras en las vidas de otros— para pulir nuestras asperezas.

Dios no quiere que vayamos a través de la vida acarreando el peso de los dolores de nuestro pasado. Quiere que seamos mujeres que disfrutemos nuestro viaje, libres de exceso de equipaje. Así que la animo a ser lo bastante inteligente para dejar de condolerse de sí misma cuando alguien la lastime. Tome la decisión de perdonarlo, y apóyese inmediatamente en Dios para tener la gracia para hacerlo.

> *En lugar de amargarnos, podemos reconocer esas ocasiones de prueba como oportunidades para llegar a ser mejores.* ∞

¡Elija hoy permitir que cada persona y situación difícil que usted encuentre la hagan una mujer *mejor*, en vez de una *amargada*!

61

¡Sonreír es asunto serio!

𝒫robablemente le asombra que haya tantas mujeres en todo el mundo que están lidiando con la depresión, o al menos, tratando de bregar con ella. Hay muchas causas subyacentes para la depresión, y una variedad de tratamientos posibles. Algunos son efectivos, pero muchos no lo son. Algunos ayudan temporalmente... pero nunca pueden remover el tormento de la depresión de modo permanente.

Nadie es inmune a la depresión ni a sus catastróficos efectos. Personas de todos los estilos de vida —doctores, abogados, maestros, amas de casa, adolescentes, niños pequeños, los ancianos, solteros, viudas y viudos, e incluso ministros— sufren depresión.

Yo creo que la razón de que tanta gente sufra de depresión es porque no ha aprendido a tratar con la decepción como una parte natural de la vida cotidiana. Todos sobre la faz de la tierra hemos enfrentado la decepción, y la decepción, si le permitimos persistir, puede llevarnos fácilmente a la depresión.

La decepción, si no se la trata rápidamente, puede llevarnos más allá de la depresión, al desaliento e incluso a la desesperación. Una persona deprimida puede sentirse triste y no querer hablar con nadie ni ir a ninguna parte, preferirá quedarse sola con sus omnipresentes pensamientos negativos y actitudes avinagradas.

La persona desalentada, por otra parte, tiene todos los síntomas similares a los de una persona deprimida, pero los suyos son mucho más profundos, con abatimiento de la mente y espíritu decaído. El desalentado pierde todo ánimo y un sentimiento de desesperanza lo lleva rápidamente a la desesperación.

La desesperación es diferente del desaliento en que está marcada por una total falta de esperanza. Aunque a veces la desesperación puede caracterizarse por el abandono del esfuerzo o la cesación de la acción, también puede llevar a acciones furiosas e incluso violentas.

Reconociendo los efectos destructivos del proceso, debemos entender la importancia de lidiar exitosamente con el desaliento y la depresión en etapas tempranas. La buena noticia es que Dios puede ayudarnos a tratar con ella e inclusive superarla con sólo que pidamos su ayuda.

Una vez, cuando me preparaba a hablar sobre la depresión, vi muy claramente que Dios nos ha dado su gozo para luchar contra ella. Nehemías 8:10 dice: "No estén tristes, pues el gozo del Señor es nuestra fortaleza". Cuando era niña, creo haber estado privada de alegría. Hasta donde puedo recordar, vivía como si fuera una adulta porque en mi vida todo era demasiado serio. Me crié en una mala situación, rodeada de circunstancias negativas.

Pensaba que si seguía siendo seria podría seguir viviendo. Obviamente, con este tipo de actitud no desarrollé una personalidad vital, feliz. Desarrollé una actitud seria, por causa de la cual muchas veces la gente me malentendía.

Una vez le dije a una de mis ayudantes que debía hablarle antes de que se fuera del trabajo. Planeaba pedirle ayuda para hacer los preparativos para una reunión próxima, pero como me le había acercado con tanta seriedad, pensaba que la iba a reprender por algo. ¡Ella pensó que estaba en grandes problemas!

Ese incidente me ayudó a darme cuenta de que yo tenía un problema. Supe que mi comportamiento serio me estaba haciendo ganar la antipatía de las personas en lugar de hacerme más accesible, así que empecé a preguntarle al Señor cómo quería que yo me las arreglara con este asunto de la "seriedad". Y verdaderamente sentí que la respuesta de Dios fue que,

Cuando el gozo de su vida es obvio, se contagia a los demás. ❦

sencillamente, permitiera que el gozo que Él había puesto en mi corazón fuera más notorio en mi rostro. ¡Dios quería que sonriera más!

Todos sabemos sonreír. Es uno de los mayores dones que Dios nos ha dado. Una sonrisa hace que la gente se sienta bien, y la gente parece tan bella cuando sonríe. Cuando el gozo de su vida es obvio, se contagia a los demás. Pero cuando usted mantiene el gozo del Señor encerrado en su interior, y no permite que su rostro lo muestre, está privando a quienes la rodean de una experiencia placentera y reconfortante.

La mayoría de las mujeres no comprende realmente cómo el expresar gozo cambiará sus circunstancias... y quizás las vidas de otros; pero lo hace. Vivir su vida con el "gozo del Señor" la librará de situaciones negativas y depresivas.

Nunca había pensado que sonreír fuera un asunto tan serio, pero Dios invirtió varios meses tratando de que yo captara este punto. Y ahora sé por experiencia personal que es verdad. La animo a empezar a sonreír más. Expresar gozo mediante el calmo placer de sonreír trae cosas buenas a su propia vida y comparte a otros el deleite y la luz del Señor.

62

¡Hágalo a la manera de Dios!

¿Es usted una "dietera" crónica? ¿Ha seguido y dejado en el pasado más dietas de las que puede contar? Usted no está sola: éste es un problema de muchas mujeres. Miles y miles de dietas y de "dieteras" fracasan cada día.

La mayoría de las dietas falla porque están basadas en el principio del hambre. Privan al cuerpo de nutrientes que necesita para mantener la salud y vitalidad. Cuando el cuerpo es privado de sus requerimientos básicos, tarde o temprano comienza a rebelarse y demandar lo que necesita para funcionar apropiadamente. El resultado suele ser el ciclo de festines y hambrunas, lo cual es la razón de que todo peso perdido sea vuelto a ganar rápidamente.

Sin embargo, ésa no es la manera de Dios de que usted obtenga y mantenga su peso ideal. Sí, Dios se ocupa de sus problemas con el peso y la dieta. A decir verdad, Él se ocupa de los problemas causados por todo tipo de desórdenes alimentarios. Primera de Pedro 5:7 dice: "Depositen en él toda ansiedad, porque él cuida de ustedes".

Dios tiene un plan para todo en la vida, ¡incluyendo nuestros hábitos de alimentación! Si realmente queremos mantener el peso apropiado y cosechar los beneficios de la buena salud que vienen con él, debemos comer de acuerdo con el plan de Dios. No hay otra solución

Dios cuida de usted y siempre está disponible para proveerle la ayuda y las fuerzas que usted necesite. ❧

permanente, sólo hay "arreglos" temporarios que suelen terminar en sufrimiento y frustración.

Sé de muchas mujeres que gastan grandes montos de tiempo y dinero siguiendo varias dietas de moda, en un desesperado intento de perder el exceso de peso. Aunque pueden perder un poco, invariablemente vuelven a ganar lo que habían perdido... y frecuentemente aún más. ¡Eso puede ser un círculo vicioso! Otras sufren diariamente los devastadores efectos de la anorexia, la bulimia o el comer compulsivo.

Cualquiera sea la razón de nuestros problemas de peso —ya sea comer cosas indebidas, el comer excesivo que está fuera de control, algún tipo de desarreglo emocional, o problemas psicológicos o espirituales—, la razón subyacente sigue siendo la misma. Hemos sido programadas incorrectamente en nuestros hábitos de alimentación, y necesitamos ser reprogramadas de acuerdo al plan y la voluntad de Dios para nosotras.

La verdadera cuestión es que comer correctamente es un asunto de gran importancia si vamos a vivir vidas felices y saludables. Comer alimentos saludables en cantidades apropiadas es el plan de Dios para todos nosotros. Para las mujeres que han abusado de sus cuerpos durante largos periodos, por no comer apropiadamente, el cambio puede ser difícil, pero Dios cuida de usted y siempre está disponible para brindarle la ayuda y las fuerzas que usted necesite. Él dice: "Te basta con mi gracia, pues mi poder se perfecciona en la debilidad" (2 Corintios 12:9).

Esto es una buena noticia para aquellas que están luchando por tener sobrepeso o problemas relacionados con otros trastornos alimentarios. La animo a ir hacia Dios y pedirle que la fortalezca para hacer lo que por sí misma no haya podido lograr hasta ahora.

Pídale que la ayude a cambiar sus hábitos de alimentación aprendiendo a escuchar a su cuerpo respecto a lo que realmente necesita y no necesita. Y cuando se sienta desanimada y tentada a recaer en sus antiguos hábitos destructivos, corra hacia Dios por gracia y fortaleza para superar su debilidad.

Esto requiere disciplina... y ciertamente no siempre es fácil, pero en esos momentos difíciles, anímese a sí misma declarando: "A todo puedo hacerle frente, gracias a Cristo que me fortalece" (Filipenses 4:13, DHH).

Permitiendo que Dios la ayude a tomar decisiones correctas respecto a sus hábitos alimentarios, usted será una mujer feliz, saludable y victoriosa. ¡Hágalo a la manera de Dios; se alegrará de hacerlo!

63

Propóngase ser pacífica

¿Sabe que Dios quiere que usted sea una mujer pacífica? Es verdad: como hija de Dios, la paz es su herencia. Sin embargo, esto no significa que usted experimente y exhiba automáticamente paz en su vida.

Gálatas 5:22 lista la paz como un fruto del Espíritu Santo. Esto significa que la paz debe ser muy importante; de otra manera, Jesús no nos la habría dejado.

Jesús tiene paz, una clase especial de paz, y dice en Juan 14:27: "La paz les *dejo*, mi paz les doy". La palabra *dejar*[a] empleada en este versículo es un término usado en la ejecución de testamentos. Cuando la gente muere, usualmente deja o lega sus posesiones —especialmente las cosas más valiosas— a sus seres queridos.

En este pasaje, Jesús se está yendo. Cuando dejaba este mundo para ir a su Padre celestial, Él quería estar seguro de que nosotros, sus hijos, heredaríamos los dones importantes y valiosos que necesitaríamos para vivir vidas victoriosas, e incluyó su paz entre los dones que nos dejó.

> *Jesús consideró que la paz era uno de los más preciosos y beneficiosos dones que Él tenía para darnos.* ☜

Ahora bien, no es usual dejar cachivaches a las personas a quienes usted quiere: usted les deja lo mejor que tiene. Así que creo que Jesús consideró que la paz era uno de los más preciosos y beneficiosos dones que Él tenía para darnos.

El versículo 27 continúa: "No se angustien ni se acobarden". Jesús dice en este versículo: "Estoy dejando mi paz con ustedes, pero eso no significa que ella vaya a operar automáticamente. Significa que les estoy dando algo, una reserva que podrán utilizar, pero ustedes deben proponerse ser pacíficos".

Usted debe comprender que el diablo trata de hacer que se disguste. Hace todo lo posible para empujarla al borde para que usted pierda su paz. ¿Por qué? Porque sabe que si usted no se queda tranquila, no puede oír a Dios.

Cuando la gente pierde su paz y se deja llevar por las emociones, comienza a hacer toda clase de cosas sin sentido. Puede decir cosas que no debería. Puede comprar cosas que realmente no quiere ni le pueden servir. Puede comer aunque no tenga hambre. La gente puede hacer todo tipo de cosas desquiciadas cuando permite que el diablo le robe su paz, pero usted no tiene por qué caer en eso.

La paz de Dios es nuestra: la Biblia lo afirma. Eso significa que usted puede negarse a permitir que las emociones negativas la gobiernen y a permitir que otros la hagan sentir desdichada y le roben su paz. Cuando usted comience a descolocarse respecto a algo, haga que su mente se detenga de inmediato. Esa es una buena oportunidad para practicar el fruto del dominio propio. Cuando las cosas comienzan a salirse de sus manos, el dominio propio ayuda a volver a poner la situación en línea.

La animo a perseguir la paz, y a estar dispuesta a hacer todos los ajustes que sean necesarios para ser una mujer de paz. ¡Resolver ser pacífica es un importante secreto para vivir la excepcional vida que Dios ha planeado para usted!

Nota a la traducción:

a. En la versión empleada por la autora, *The Amplified Bible*, esto es más evidente, ya que se emplea la palabra *bequeath*, *legar*: "Peace I leave with you; My [own] peace I now give and *bequeath* to you." (Itálicas de la autora.)

64

¿Es usted un original clásico o una imitación barata?

¿*A*lguna vez se ha puesto a pensar en esta intrigante cuestión? Realmente es un asunto importante, que merece ser pensado, especialmente si usted es una mujer que se siente frustrada, disgustada e insatisfecha la mayor parte del tiempo.

En el mundo de hoy, muchas personas están demasiado preocupadas en "mantenerse al nivel de los Jones" o en presentar una imagen especial. Miran a otros y deciden que deben ser como ellos. Se dedican a convertirse en la clase de persona que les parece que quieren ser, pero demasiado a menudo descubren que eso es más de lo que pueden manejar. ¿Por qué? Porque cada persona es única e individual y no puede ser forzada en el molde de otra.

Al tratar de ser como otro reprime el derecho que Dios le ha dado a ser usted misma, y puede llegar a estar tan confundida que no sepa quién se supone que sea. Cuando alcanza este punto, usted es una mujer que necesita algo drástico: un cambio que la ayude a descubrir quién es y cuál es el plan de Dios para su vida.

Hablo de esto desde mi experiencia personal. Hubo una época de mi vida en que yo pensaba que debía ser como las personas que admiraba: mi esposo, Dave, que es calmo, relajado y no se disgusta fácilmente; la esposa de mi pastor, una amable y menuda rubia de ojos azules que podía sentarse y escuchar los problemas de alguien durante horas; y una vecina que era excelente en la horticultura, la preparación de conservas y la costura: el ama de casa perfecta.

Esas cualidades en particular no eran puntos fuertes en mí, pero yo decidí trabajar duramente para desarrollarlas. Pronto encontré que mantener la calma en cualquier situación —como mi esposo— era más de lo que yo podía hacer. Y tratar de ser como la amable esposa de mi pastor y mi vecina "supermujer" era demasiado para mí. Yo me impaciento con facilidad cuando escucho a la gente compartir extensamente sus problemas. Y tratar de sembrar, cuidar la huerta y hacer conservas me deprimía.

Tratar de ser como otra persona es todo un reto, pero puedo asegurarle que tratar de tener las mejores cualidades de tres personas es imposible. Llegué a estar tan confundida y frustrada que no sabía qué se suponía que debía hacer. Me sentía deprimida porque estaba tratando de hacer lo imposible en lugar de lo que Dios quería que yo hiciera.

Cuando por fin renuncié y pedí la ayuda de Dios, Él produjo la revolución que yo necesitaba para ayudarme a entender que cada persona es única y que no ser como ningún otro no significa que uno sea defectuoso. Romanos 12:2 dice: "Y no os adaptéis a este mundo, sino transformaos mediante la renovación de vuestra mente, para que verifiquéis cuál es la voluntad de Dios: lo que es bueno, aceptable y perfecto" (LBLA).

Dios nos ha dado a cada una de nosotras dones y talentos propios, pero no podemos desarrollarlos si constantemente nos estamos comparando con otras personas y tratando de ser como ellas. Si usted ha estado luchando con los sentimientos de frustración que vienen cuando tratamos de ser como otro, está necesitando un cambio drástico, y Dios quiere ayudarla a tener éxito en aprender a ser usted misma.

> *Dios nos ha dado a cada una de nosotras dones y talentos propios, pero no podemos desarrollarlos si constantemente nos estamos comparando con otras personas.* ∞

Así que no sea una imitación barata de ningún otro: desarrolle sus talentos dados por Dios, y llegue a ser el original clásico que Dios la creó para ser. ¡Le encantará la diferencia!

65

¿Está confundida?

¿En su vida está ocurriendo precisamente ahora algo que no comprende? Quizás se trate de su pasado, y usted sencillamente no comprende por qué su vida tuvo que ser de la forma en que fue. Usted puede estar diciendo: "¿Por qué a mí, Dios? ¿Por qué las cosas no podían haber sido diferentes? ¿Por qué tuvieron que girar las cosas de la manera en que lo hicieron? ¡No lo comprendo!".

Hay muchas personas hoy —incluyendo a mujeres como usted— que están sufriendo de confusión porque no pueden comprender por qué sucedieron ciertas cosas en sus vidas.

Durante mis años en el ministerio he descubierto que un gran número de personas sufre tremendamente de confusión. Ciertamente he compartido eso en el pasado, y sé cómo atormenta a las personas la confusión, así que comencé a considerar por qué la gente llega a confundirse y qué se podría hacer para prevenirlo.

Mientras pensaba en ello, comencé a buscar al Señor respecto a las causas de confusión. Mientras estudiaba y oraba, empecé a entender que la confusión viene cuando tratamos de explicarlo todo: cuando luchamos para encontrar respuestas a todas las preguntas. Esa revelación me ayudó a ver que es un gran esfuerzo inútil tratar de explicarlo todo, y decidí que no quería sufrir nunca más de confusión. Mi vida

> *Destruimos argumentos y toda altivez que se levanta contra el conocimiento de Dios, y llevamos cautivo todo pensamiento para que se someta a Cristo.*
> *(2 Corintios 10:5).*

sigue estando llena de cosas que yo no puedo explicar, pero hay una gran diferencia ahora. Mi fe en Dios me ha ayudado a dejar de tratar de explicarlas a todas.

Si usted sencillamente puede dejar de tratar de explicarse todo —lo cual nunca será capaz hacer, de todos modos— y pone su fe en Dios, empezará a dejar de preguntar "¿Por qué, Dios mío, ¿por qué?", y comenzará a experimentar más paz en su vida. Parece sonar demasiado fácil ¿verdad? Pero si usted realmente se detiene a pensarlo, tiene el sentido, porque todo eso ocurre en la región llamada "la mente".

La mente es el campo de batalla donde nuestra guerra con Satanás se gana o se pierde. Primera de Corintios 14:33 dice que "Dios no es Dios de confusión, sino de paz" (RV60), lo cual significa que el culpable es Satanás. Él trae confusión y luego ofrece teorías y razonamientos que no se alinean con la Palabra de Dios, la cual dice:

> "Las armas con que luchamos no son del mundo, sino que tienen el poder divino para derribar fortalezas. Destruimos argumentos y toda altivez que se levanta contra el conocimiento de Dios, y llevamos cautivo todo pensamiento para que se someta a Cristo" (2 Corintios 10:4,5).

En esos versículos, la Biblia nos instruye sobre no tratar de explicarlo todo. Cuando la urgencia de conocer todas las respuestas bombardea nuestras mentes, debemos tomar control de esos pensamientos. La Biblia dice que estamos en una guerra, y nuestra guerra, nuestra batalla, es en gran parte una batalla mental.

Somos atacados en nuestras mentes con confusión.

Dios quiere que usted tenga paz, lo cual es lo opuesto de la confusión. *Confusión* significa "Todo mezclado junto; impuro; mezclar; confundir una cosa con otra; o ponerse borroso". La *paz* significa: "Orden, tranquilidad, satisfacción interior, serenidad." Sin paz es casi imposible tener gozo. Y en Juan 10:10 Jesús dice: "El ladrón no viene más que a robar, matar y destruir; yo he venido para que tengan vida, y la tengan en abundancia".

He decidido hace varios años que voy a disfrutar de Dios y de la vida. Si Jesús murió por mí para que yo pueda tener una vida plena y abundante —como lo hizo— entonces yo trataré de disfrutar de ella.

En Juan 15:1-10, Jesús habla de la vida perdurable, lo cual se refiere a entrar en el reposo de Dios. Luego, en el versículo 11, Él dice: "Estas cosas os he hablado, para que mi gozo esté en vosotros, y vuestro gozo sea perfecto" (LBLA).

Eso sin duda suena como que Dios quiere que usted sea una mujer feliz que disfruta la vida. Pero el cuestionamiento y la confusión ciertamente impedirán que esa meta llegue a lograrse en su vida. Por eso la animo a que tome hoy la decisión de vivir en paz y alegría, no en confusión o agitación.

Será necesario que deje de seguir su impulso de explicarlo todo y aprenda a confiar en que Dios le revele las respuestas a su tiempo. Pero si logra hacerlo, creo que entonces realmente encontrará paz y experimentará y gozará la vida abundante que Él ha provisto para usted.

66

Aprender a confiar en el perfecto tiempo de Dios

$\mathcal{E}$stoy segura de que usted es como la mayoría de las mujeres: quiere que en su vida pasen cosas buenas, pero demasiado frecuentemente usted las quiere ahora... no después. Todas nosotras tendemos a sentir de esa manera, pero cuando las cosas buenas que deseamos no suceden en lo que consideramos ser un momento adecuado, nos sentimos tentadas a decir: "¿Cuando, Dios, cuándo?".

La mayoría de nosotras necesitamos crecen en el área de confiar en Dios en vez de concentrarnos en la cuestión del "cuándo". Si usted no está experimentando gozo y paz en su vida, no está confiando en Dios. Si su mente se desgasta preguntándose continuamente por el tiempo de Dios, usted no está confiando en Él.

La tendencia a querer estar al tanto de todo lo que está pasando puede ir en detrimento de su caminar cristiano. A veces conocerlo todo puede ser desagradable y causarle dolor. Gasté gran parte de mi vida sintiéndome impaciente, frustrada y decepcionada porque había cosas que no sabía. Dios tuvo que enseñarme a dejar las cosas en sus manos. Al fin aprendí a confiar en el Único que conoce todas las cosas, y empecé a aceptar que algunas preguntas podrían no ser respondidas jamás. Probamos nuestra confianza en Dios cuando nos negamos a preocuparnos.

Confiar en Dios suele requerir que no sepamos *cómo* está haciendo

> *Confiar en Dios suele requerir que no sepamos cómo está haciendo Él para llevar a cabo lo que debe hacer, ni cuándo querrá hacerlo.* ∞

Él para llevar a cabo lo que debe hacer, ni *cuándo* querrá hacerlo. Acostumbramos decir: "Dios nunca llega tarde", pero generalmente tampoco llega temprano. Usa el tiempo de espera para ensanchar nuestra fe en Él, y para producir cambios y crecimiento en nuestras vidas. Comenzamos a confiar en Dios atravesando muchas experiencias que requieren confianza. Al ver una y otra vez la fidelidad de Dios, gradualmente dejamos de confiar en nosotros mismos y depositamos nuestra confianza en Él.

Mirándolo de este modo, es fácil ver que el tiempo juega un papel importante en nuestro aprendizaje de confiar en Dios. Si Él hiciera de inmediato todo cuanto le pedimos, nunca creceríamos ni llegaríamos a ser las mujeres que Él quiere que seamos. El tiempo y la confianza trabajan codo a codo.

Dios nos da esperanzas y sueños para que sucedan ciertas cosas en nuestras vidas, pero no siempre nos permite ver los tiempos exactos de su plan. Aunque resulte frustrante, no conocer el tiempo necesario para el cumplimiento suele ser lo que nos mantiene "dentro del programa". Hay ocasiones en que podríamos abandonar si supiéramos cuánto nos falta para llegar, pero cuando confiamos en Dios y aceptamos sus tiempos, podemos aprender a vivir esperanzada y gozosamente nuestras vidas mientras Dios sigue trabajando en nuestros problemas. Sabemos que el plan de Dios para nuestras vidas es bueno, y cuando nos confiamos nosotras mismas a Él, podemos experimentar total paz y felicidad.

Pasaron muchos años desde que recibí mi llamado de Dios antes de que por fin comenzara a ver realizarse lo que Él me había llamado a hacer. El periodo de entrenamiento de Dios requiere que simplemente hagamos lo que Él nos dice que hagamos cuando nos dice que lo hagamos... sin cuestionar.

Proverbios 16:9 dice "El corazón del hombre traza su rumbo, pero sus pasos los dirige el Señor", y Proverbios 20:24 dice: "Los pasos del hombre los dirige el Señor. ¿Cómo puede el hombre entender su propio camino?". Cuando Dios dirige nuestro rumbo, a veces nos lleva por caminos que no podemos entender... y eso está bien porque Él sabe qué es lo mejor.

Nuestra parte consiste en seguir la admonición de Proverbios 3:5, 6: "Confía en el Señor de todo corazón, y no en tu propia inteligencia. Reconócelo en todos tus caminos, y él allanará tus sendas". La mayoría de nosotros gastamos nuestras vidas tratando de cuidar de nosotros mismos, pero cuando aceptamos a Cristo como nuestro Salvador, podemos aprender a confiar nuestras vidas a su cuidado. Cuando nos humillamos diciendo: "Dios, no sé qué hacer, pero confío en ti", Dios se pone en marcha para ayudarnos.

Lo importante es recordar que Dios no hace las cosas según nuestros horarios. Sin embargo, su Palabra promete que Él no llegará tarde: "Pues la visión se realizará en el tiempo señalado; marcha hacia su cumplimiento, y no dejará de cumplirse. Aunque parezca tardar, espérala; porque sin falta vendrá" (Habacuc 2:3).

Esas son buenas noticias, así que no se desanime: ¡sólo aprenda a confiar en el perfecto tiempo de Dios!

67

Olvide los "si" y encuentre su propósito

¿Tiene usted problemas con los "si"? Es un error común entre muchas mujeres de hoy creer que con solo tener esto, eso o lo otro, encontrarán la felicidad y satisfacción que tan desesperadamente desean.

Años atrás, yo pensaba que eso era verdad. Pensaba que todo sería maravilloso *si* tuviera trabajo, *si* tuviera dinero, *si* tuviera una casa grande, *si* fuéramos propietarios de nuestra casa, *si* tuviéramos dos automóviles... si... si...si... Pero cuando esos deseos se cumplieron, y yo seguí sin ser feliz, me di cuenta de que el problema era alguna otra cosa. Así que le pregunté a Dios en qué estaba equivocada, y Él comenzó a mostrarme que yo era una cristiana carnal y frívola. Estaba viviendo en la esfera superficial de lo que quería, pensaba y sentía. Yo esperaba que Dios me diera todas las cosas que deseaba, me mantuviera feliz todo el tiempo y me explicara siempre todas las cosas que estaban sucediendo en mi vida.

Entonces el Señor me guió a Lucas 5: la historia de Pedro y sus compañeros retornando de un infructuoso viaje de pesca. Después que Jesús terminó de hablar a las multitudes que se habían reunido en la orilla, "le dijo a Simón: Lleva la barca hacia aguas más profundas, y echen allí las redes para pescar" (versículo 4). Bueno, esto captó mi

> *Si queremos una redada de bendiciones en nuestra vida, es necesario que vivamos en un nivel de profundidad mayor que el de lo que queremos, pensamos y sentimos.* ∞

atención, porque yo estaba buscando una *redada* de bendiciones en mi vida. Tenía casetes cristianos, camisetas, libros, adhesivos de parachoques, un pin de Jesús, y podía hablar "cristianés" tan bien como cualquiera. Pero echaba de menos la vida abundante que la Biblia decía que Dios me había dado.

Después de que Jesús le dijo a Pedro que echara las redes en lo profundo, Pedro dijo: "Maestro, hemos estado trabajando duro toda la noche y no hemos pescado nada. Pero, como tú me lo mandas, echaré las redes" (Lucas 5:5). Fíjese en lo que sucede en los versículos seis y siete: "Así lo hicieron, y recogieron una cantidad tan grande de peces que las redes se les rompían. Entonces llamaron por señas a sus compañeros de la otra barca para que los ayudaran. Ellos se acercaron y llenaron tanto las dos barcas que comenzaron a hundirse".

Por fin yo había empezado a comprender. Si Pedro hubiera estado viviendo por sus sentimientos, no habría vuelto a pescar porque él y sus hombres estaban exhaustos. En cambio, eligió vivir por la palabra del Señor. El resultado de su obediencia fue una abundante bendición de pescado, tanta que debieron recibir ayuda para sacar las redes fuera del agua.

Dios me mostró que lo mismo vale para nosotras. Si queremos una redada de bendiciones en nuestra vida, es necesario que vivamos en un nivel de profundidad mayor que el de lo que queremos, pensamos y sentimos. Es necesario que vivamos de acuerdo con la *Palabra* de Dios y lo que ella dice, tengamos ganas o no, lo entendamos o no, lo queramos o no, y pensemos o no que es una buena idea.

Debemos tomar la decisión de perder la mentalidad de "si", persiguiendo cosas que no tienen la capacidad de hacernos felices. No importa qué tengamos si no conocemos ni comprendemos nuestro propósito en la vida, que es hacer lo recto y glorificar a Dios.

Si usted desea ser una mujer que conoce el propósito de Dios para su vida, la animo a olvidar todos los "si". Desate su bote del muelle y deje que el viento del Espíritu Santo la lleve hacia las aguas profundas de la vida. Pídale ayuda al Espíritu Santo para tomar decisiones correctas, hacer elecciones que traigan gloria a Dios y sean una bendición para usted. ¡Allí usted experimentará la verdadera satisfacción y cumplimiento y se irá con un botín de bendiciones tan grande que podrá compartirlo con quienes la rodean!

68

Cómo hacer su vida a prueba de preocupaciones

*L*a preocupación —sentirse inquieta o preocupada— parece acosar a multitudes de mujeres en nuestro mundo actual. Es propio de la naturaleza humana preocuparse por las malas situaciones que existen en nuestro mundo —y en nuestras vidas personales— pero si no somos cuidadosas, el diablo nos hará preocupar más allá de lo razonable. La preocupación es como una mecedora: siempre está en movimiento, pero nunca la lleva a ninguna parte. Así que ¿por qué luchamos con ella... y qué bien hace hacerlo?

La preocupación es lo opuesto de la fe, y roba nuestra paz, nos agota físicamente y puede hacernos enfermar. La preocupación es causada porque no confiamos en que Dios se ocupe de las diversas situaciones de nuestra vida. Con demasiada frecuencia confiamos en nuestras propias capacidades, creyendo que podemos entender cómo cuidar de nuestros propios problemas. Pero algunas veces después de toda nuestra preocupación y esfuerzo por "hacerlo sola", nos quedamos cortas: inhábiles para hallar soluciones apropiadas.

A temprana edad descubrí de primera mano que la persona lastimada lastima a otros, así que no confiaba en los otros. Por lo tanto, traté de cuidar de mí misma en todo, decidiendo no depender de nadie que pudiera herirme o decepcionarme. Con demasiada frecuencia parece que las experiencias de nuestra vida

> *Dios no hará por usted lo que usted pueda hacer por sí misma. Usted debe hacer lo que puede hacer y luego confiar en que Dios hará lo que usted no puede.* ∞

nos fuerzan a este modo de "sé cuidar de mí misma", y aún después de que nos hacemos cristianas nos lleva largo tiempo superarlo. Es difícil aprender a confiar en Dios, pero a la larga debemos aprender que tratar de cuidar de todo por nosotras mismas es una tarea demasiado grande.

Primera de Pedro 5:6,7 nos da buena información acerca de cómo cambiar esta situación. Dice: "Humíllense, pues, bajo la poderosa mano de Dios, para que él los exalte a su debido tiempo. Depositen en él toda ansiedad, porque él cuida de ustedes". Ya que Jesús nos invita a echar toda nuestra ansiedad y preocupación sobre Él, ¿por que tantas mujeres rehúsan hacerlo? Al parecer, todavía no nos hartamos de estar abatidas.

La única manera de tener victoria en nuestras vidas es jugar con las reglas de Dios, y Él dice que debemos dejar de preocuparnos si queremos tener paz. Así que entonces cuando enfrentamos situaciones que nos causan inquietud, necesitamos la ayuda de Dios. ¿Cómo obtenerla? Debemos humillarnos a nosotras mismas y echar nuestra ansiedad sobre Él. Eso parece bastante claro y simple, pero muchas mujeres continúan luchando hoy porque aún no se deciden a pedir ayuda. Pero el humilde obtiene ayuda. Así que si su manera no da resultado, ¿por qué no prueba la manera de Dios?

Todos estaríamos mejor si aprendiéramos a apoyarnos en Dios y pedir su ayuda. Pero mientras tratemos de hacerlo todo por nosotras mismas, Dios nos dejará hacerlo. Él no se ocupa de nuestros problemas y preocupaciones —nuestro cuidado— hasta que los soltamos y se los damos.

Ahora bien, echar nuestra ansiedad no significa que usted se convierta en una mujer irresponsable. Dios no hará *por* usted lo que usted puede hacer por sí misma. Usted debe hacer lo que puede

Cuando le da sus problemas a Dios, usted también debe decidir conformarse con sus respuestas. ∽

hacer y luego confiar en que Dios hará lo que usted no puede. Cuando nos humillamos y pedimos la ayuda de Dios, Él puede liberar su poder en nuestras situaciones. Y es sólo entonces cuando realmente podemos disfrutar la vida.

De modo que la cura para la preocupación es humillarnos ante Dios, echar nuestras preocupaciones sobre Él, y confiar en Él. En vez de deprimirnos tratando de resolverlo todo por nuestra propia cuenta, Dios quiere que pongamos nuestra confianza en Él y entremos en su reposo, abandonándonos completamente a su cuidado. Cuando aprendemos a confiar en Dios, nuestras vidas comienzan a cambiar.

He aprendido que mi actitud tiene mucho que ver con vivir una vida libre de preocupaciones. Siempre habrá situaciones que nos causen preocupación, pero con la ayuda de Dios, podemos vivir por encima de ellas y aprender a disfrutar la vida. Entregue su cuidado al Señor y diga: "Dios, creo en Ti y voy a disfrutar de la vida que me has dado".

Cuando usted le da sus problemas a Dios, también debe decidir conformarse con sus respuestas. Confiar en que Dios hará lo mejor para nosotras incluye morir al yo. Pablo dijo: "Ya no vivo yo sino que Cristo vive en mí. Lo que ahora vivo en el cuerpo, lo vivo por la fe en el Hijo de Dios, quien me amó y dio su vida por mí" (Gálatas 2:20). Puede confiar en que Dios hará lo mejor para usted, así que no debe preocuparse al respecto. Cuando usted adopta una actitud positiva y pone su fe en Dios, no podrá ser derrotada.

Si usted es una mujer que anda mucho tiempo cargada de preocupaciones, algo no está bien. Usted puede haber tenido fe en Cristo para salvación, pero no está caminando diariamente en fe en la vida abundante, libre de ansiedades, que Dios quiere que disfrute.

La Biblia dice que Dios es fiel: ésa es una de sus mayores características. Y usted puede contar con que Él la ayudará en todo tiempo. Así que la animo a entregarse usted misma —y sus ansiedades— a Dios, ¡y comenzar a disfrutar de un estilo de vida libre de preocupaciones!

6 9

Véase a sí misma con los ojos de Dios

¿Cómo se ve a sí misma? Como mujer cristiana, su autoimagen juega un rol vitalmente importante en su capacidad de ser feliz y exitosa en la vida. Si no puede verse a sí misma a través de los ojos de Dios, usted puede estar sufriendo de una pobre autoimagen. Usted puede estar tan llena de temor, inseguridad y falta de autoconfianza que no se guste a sí misma... ni a nadie.

Yo entiendo ese sentimiento. Cuando comencé a caminar con el Señor, tenía una autoimagen realmente pobre, y era muy negativa acerca de todo y de todos. Pero Dios comenzó a mostrarme que no gustar de mí misma era la raíz de muchos de mis otros problemas. Es casi imposible tener buenas relaciones con otras personas si no tenemos una buena relación con nosotras mismas.

Dios quiere que tengamos excelentes relaciones, pero el autorrechazo e incluso el odio a nosotras mismas son la raíz de muchos de nuestros problemas de relación. De hecho, he encontrado que la Biblia es un libro que trata de relaciones, que provee valioso asesoramiento acerca de mi relación con Dios, con otras personas y conmigo misma.

¿Se le ha ocurrido pensar que usted tiene una relación consigo misma? Durante años nunca le presté mucha atención. Ahora comprendo que paso mucho más tiempo conmigo que con nadie más, y es vital que me

---

¿Se le ha ocurrido pensar que usted tiene una relación consigo misma? ∽

lleve bien conmigo. Recuerde, *usted es la única persona de quien nunca podrá escaparse.*

Cada una de nosotras es una rara, preciosa mujer, única en su clase. Cada una de nosotras tiene un destino dado por Dios para cumplir: un llamado singular que sólo nosotras podemos realizar. Pero para alcanzar la plenitud de nuestro potencial, debemos aprender a aceptarnos a nosotras mismas como Dios nos ve. Jeremías 1:5 dice que Dios nos conoce y aprueba antes de que seamos formados en el vientre de nuestra madre.

Satanás no quiere que usted se vea a sí misma como Dios la ve —por eso continuamente le señala sus faltas, fracasos y debilidades. Pero 2 Corintios 5:21 nos dice que Dios envió a su hijo, que "...no cometió pecado alguno; pero por causa nuestra, Dios lo hizo pecado, para hacernos a nosotros justicia de Dios en Cristo" (DHH).

Como hija de Él, usted debe amarse a sí misma —no de una manera egoísta, egocéntrica que produce un estilo de vida de autoindulgencia, sino de una manera balanceada, piadosa, que simplemente afirma la bondad de la creación de Dios. Usted puede haber sido dañada por los años y las experiencias infortunadas que debió atravesar, pero eso no significa que carezca de valor y sea inútil.

La insto a aceptarse a sí misma a despecho de sus debilidades: ¡Dios la hizo! Es su voluntad que usted sea exitosa en todo lo que haga, pero para ser verdaderamente exitosa tiene que ser confiada. No digo autoconfianza sino confianza en Dios; una seguridad de quién es usted en Cristo Jesús. Creo que ésta es la clave principal para liberarse de una pobre autoimagen y ser eficaz en cumplir su destino.

> *Cuando usted realmente descubra quién es en Cristo... desarrollará una autoimagen saludable, equilibrada, y encontrará la confianza que necesita para ser una mujer verdaderamente exitosa.* ∽

Con el paso de los años, he aprendido que el fundamento del éxito es llegar a saber quién somos en Cristo y vernos a nosotras mismas como Él nos ve. Satanás quiere evitar que usted alcance su pleno potencial, pero Dios quiere hacerla libre para ser todo lo que debe ser. Así que no se conforme con menos de lo mejor:

ponga a prueba el amor de Dios. Cuando usted realmente descubra quién es en Cristo, y se vea a sí misma como Él la ve, desarrollará una autoimagen saludable, equilibrada, y encontrará la confianza que necesita para ser una mujer verdaderamente exitosa.

Comience viéndose a sí misma a través de los ojos de Dios, y comenzará a verse a sí misma como alguien que es amada y apreciada, única y bella a los ojos de Él.

70

¡Viva una vida saludable, libre de conflictos!

Dios nos creó a usted y a mí para ser recipientes de justicia, paz y gozo. Nuestros cuerpos no fueron hechos para albergar cosas negativas tales como conflicto, preocupación, odio, amargura, resentimiento, falta de perdón, cólera, ira, celos y confusión. Como mujeres fuimos hechas para soportar muchos maltratos y seguir sobreviviendo, pero cuando por largo tiempo llenamos nuestros cuerpos con cosas inconvenientes, no podemos escapar al daño.

Los conflictos traen estrés... y a la larga el estrés puede hacernos enfermar. Miles de personas están enfermas hoy, y cada día se descubren más y más enfermedades y dolencias. Creo que muchas de esas enfermedades son causadas por el conflicto en nuestras vidas. Los síntomas y enfermedades son reales, pero muchas veces la raíz que los causa son el estrés y el conflicto. Nuestros cuerpos se terminan agotando por tanta falta de reposo.

¿Qué puede ayudarnos a administrar el creciente nivel de estrés y conflicto que encontramos en nuestras vidas? Con toda la confusión reinante a nuestro alrededor cada día, la lectura y meditación en la Palabra de Dios nos centran. La Biblia nos recuerda lo que es importante. Nos ayuda a separar la realidad de la imaginación. Cuando basamos nuestras vidas y decisiones en la Biblia, tenemos abundante paz. Fluye como un río. Considere la siguiente escritura:

La mujer sabia confía en Dios en vez de preocuparse.

"Confía en el Señor de todo corazón, y no en tu propia

inteligencia. Reconócelo en todos tus caminos, y él allanará tus sendas. No seas sabio en tu propia opinión; más bien, teme al Señor y huye del mal. Esto infundirá salud a tu cuerpo y fortalecerá tu ser" (Proverbios 3:5-8).

Cuando nuestra mente está en calma, nuestra salud está protegida. La mujer sabia confía en Dios en vez de preocuparse. Yo gasté muchos años razonando y tratando de explicarlo todo, y eso afectó adversamente mi salud. Me siento mucho mejor físicamente ahora de lo que estaba cuando era mucho más joven. ¿Por qué? Porque ahora no me preocupo. He aprendido a entregarle mis preocupaciones a Dios así que ya no vivo bajo la constante presión de tratar de cambiar las cosas sobre las cuales no tengo control.

Aprender a entregarle todas mis preocupaciones a Dios también ha prevenido conflictos entre Dave y yo. En el pasado, yo acostumbraba presionar, tratando de lograr que Dave viera las cosas a mi modo. Ahora las dejo de lado y le pido a Dios que cambie las cosas que necesiten ser cambiadas.

He aprendido que Dios quiere que viva una vida saludable —libre de conflictos— y también he descubierto que ésta es la única manera de vivir. Usted también puede ser una mujer que viva una vida feliz y saludable ¡libre de conflictos!

71

Creo que estoy en lo cierto, pero puedo equivocarme

¿*H*a estado usted alguna vez absolutamente segura de que tenía la razón respecto de algo? Su mente parecía tener un almacén de hechos y detalles para probar que usted estaba en lo cierto, pero terminó estando equivocada. Dios usa experiencias como ésa para mostrarnos cómo una actitud orgullosa abre la puerta a problemas en nuestras vidas.

Déjeme darle un ejemplo. Una noche Dave y yo íbamos a buscar a otra pareja para ir a cenar afuera. Sólo habíamos estado en su casa una vez, y había pasado bastante desde esa primera visita. De camino, Dave se volvió hacia mí y me dijo: "Me parece que no recuerdo cómo llegar".

"Oh, bueno, yo sí", le dije inmediatamente, y procedí a darle instrucciones.

"Realmente no creo que sea la manera correcta de ir", me dijo después de escuchar mis indicaciones. "Dave, nunca me escuchas", exclamé. Supo enseguida, por mi respuesta y el tono de mi voz, que no apreciaba ser desafiada por él. Ante mi perseverancia, acepté seguir mis instrucciones. Le dije que vivían en una casa marrón en una calle sin salida al final de tal y tal calle. Mientras manejaba, yo le daba instrucciones en cada vuelta.

Cuando doblamos en la calle donde yo creía que estaba su casa, noté una bicicleta tendida sobre la acera. "¡Sé que ésta es la calle correcta", dije, "porque recuerdo que esa bicicleta estaba tendido allí la última vez que estuvimos aquí!". ¡Estaba tan convencida de que tenía razón que en realidad mi mente estaba confirmando mi engaño!

Proverbios 16:18 dice: "Al orgullo le sigue la destrucción; a la altanería, el fracaso". El orgullo y el engaño siempre van juntos, ¡y ciertamente formaron equipo contra mí esa noche! Fuimos hasta el final de la calle y ¡adivine qué! ¡No había casa marrón! ¡No era una calle sin salida! Yo estaba bastante equivocada. ¡Me desplomé en mi asiento, completamente humillada!

¿Le ha pasado a usted algo semejante? Estoy segura de que le ha sucedido a todas las mujeres... ¡y probablemente más de una vez! ¿Por qué tratamos tan desesperadamente de tener razón acerca de todo? ¿Por qué nos resulta tan difícil estar equivocadas? Hay personas que son acusadas regularmente de obrar mal, y no tratan de defenderse ni una sola vez. ¿Qué las hace diferentes de nosotras?

La diferencia es que ellas han aprendido que el error no las convierte en malas: están confiadas en quiénes son. No necesitan tratar de probar nada ni a nadie. Durante años yo no me sentía bien acerca de "quien" era, y para hablarle francamente, siempre pensaba que tenía razón. Argumentaba que tenía razón y llegaba a grandes extremos para probarlo.

Siempre alguien me estaba haciendo frente, y vivía frustrada tratando de convencer a todos de que sabía de qué estaba hablando. Cuanto más me esforzaba, encontraba más problemas y padecía más humillación. No me daba cuenta de que discutir sobre nimiedades para probar que tenía razón ¡sólo revelaba lo insegura que yo era!

A medida que mi identidad se fue arraigando en Dios y creciendo, y que Él me habló de mí en la Biblia —eso de que yo fui hecha "justicia de Dios" (2 Corintios 5:21, DHH)— experimenté más y más libertad en esta área. Comencé a comprender que mi valía y mi valor no provienen de parecer correcta a los ojos de otros. Sentirme bien acerca de quien soy viene de saber que Dios me ama exactamente como soy y que Él desea tener una relación personal conmigo a través de Jesucristo.

Mi valía y mi valor no provienen de parecer correcta a los ojos de otros. ∞

Ahora, cuando Dave y yo nos encontramos en desacuerdo, Dios nos ha capacitado para decir: "Creo que estoy en lo cierto, pero puedo estar equivocado". Es absolutamente asombroso cuántas discusiones nos hubiéramos evitado a lo largo de los años haciendo ese simple acto de humildad.

Eso también funcionará para usted: ¡pruébelo!

72

¿Qué sombrero lleva puesto hoy?

El mundo en el cual vivimos hoy está lleno de tantas actividades que es difícil para las mujeres cumplirlas a todas adecuadamente. Parece que dondequiera que nos volvamos hay alguien o algo que necesitan nuestro tiempo y atención. Sin embargo, con sólo veinticuatro horas por día, no es mucho lo que podemos hacer. Por eso es crítico que establezcamos las prioridades adecuadas.

Créame: yo sé lo que es estar presionada por muchas cosas, todas las cuales reclaman mi atención. Recuerdo hace unos pocos años cuando mi hija me preguntó qué estaba haciendo y le contesté: "En este momento tengo puesto el sombrero de empacadora para mi próximo viaje. Esta mañana tenía mi sombrero de abuela, y esta tarde deberé ser una madre para mi hijo. Esta noche deberé ponerme mi sombrero de esposa, mi sombrero de sobrina y mi sombrero de hija porque debo pasar tiempo con Dave (mi esposo), y ver a mi tía y a mi madre. Ayer tuve todo el día mi sombrero de jefe, y dentro de pocos días volveré a ministrar en otra conferencia".

Estoy segura de que usted también usa diferentes sombreros, hoy en día la mayoría de las mujeres cumple muchos roles diferentes. Tenemos en nuestras vidas muchas personas que esperan un cúmulo de cosas diferentes de nosotras, y todas ellas muy importantes. El desafío es usar el sombrero apropiado en el momento apropiado y aprender cuándo sacarse uno y ponerse otro.

Creo que para hacer lo máximo de todo lo que Dios nos ha dado, debemos hacer de Él la máxima prioridad de nuestras vidas.

Mateo 6:32, 33 dice: "Todas estas cosas son las que preocupan a los paganos, pero ustedes tienen un Padre celestial que ya sabe que las necesitan. Por lo tanto, pongan toda su atención en el reino de los cielos y en hacer lo que es justo ante Dios, y recibirán también todas estas cosas" (DHH).

Haciéndonos algunas preguntas sencillas y respondiéndolas tan sinceramente como nos sea posible, podemos descubrir donde está Dios en nuestras vidas en relación con todo lo demás. He descubierto que cuando lo pongo a Él primero y sigo su dirección, todo lo demás se ubica en su propio lugar.

Muchos años atrás, yo era cristiana, pero en realidad sólo de nombre. Mi relación con Dios era superficial: realmente no mantenía ninguna asociación o conexión con Él excepto a través de la iglesia. Amaba a Dios, pero no lo amaba lo suficiente para hacer lo que Él me decía, sólo cumplía con las formalidades espirituales. Había insertado a Dios en mi programa ya existente, esperando que hiciera todo en el trabajo en mi vida. Sin embargo, ése no era el puesto que Él quería desempeñar.

Dios quiere ser el primero en todo. He encontrado que si pongo mi matrimonio antes que mi relación personal con Dios, mi matrimonio sufre. Lo mismo sucede si pongo mis hijos y nietos antes que mi relación con Dios. Aunque mi esposo, mis hijos y mis nietos son muy importantes, Dios debe ser el primero. Si Él no lo es, yo carezco de las fuerzas y la capacidad para tener y disfrutar relaciones con ellos o con cualquier otro.

Cuando establecen prioridades, la mayoría de las mujeres tienden a olvidar dejar tiempo para ellas mismas. La Biblia nos enseña que no debemos ser egoístas pero sí sabias. Debemos cuidar de nosotras físicamente, lo cual incluye tomar el necesario descanso. Dios nos dio emociones, y no es malo hacer cosas que las alimenten. Tenemos que reírnos, disfrutar y hacer cosas que deseamos hacer. Algunas mujeres hacen demasiado para sí mismas y otras no lo suficiente. Recuerde, la clave es el equilibrio en todas las cosas.

> *Cuando lo pongo a Él primero y sigo su dirección, todo lo demás se ubica en su propio lugar.*

No permita que alguna pequeñez, que en realidad es totalmente insignificante, llegue a ser una prioridad que eche fuera cosas que deben ser las prioridades reales. Algunas mujeres, inconscientes de que necesitan sentirse seguras y aceptadas, se dedican a hacer muchas cosas para sus amistades. Esas mismas mujeres suelen asumir demasiados compromisos, tratan de ponerse demasiados sombreros a la vez. Después de un tiempo, se encuentran corriendo en todas direcciones, se sienten constantemente estresadas y no se sienten realizadas porque están poniendo su tiempo y esfuerzo en las prioridades de otras personas en lugar de hacerlo en las propias.

Si usted está lidiando con el estrés que viene de asumir excesivas responsabilidades, la insto a que tome algún tiempo para evaluar su situación. Pida a Dios que la ayude a establecer prioridades adecuadas que estén orientadas hacia Él y el cumplimiento de su voluntad para su vida. Recuerde, todas las mujeres usamos muchos sombreros, pero el desafío es recordar siempre cuáles son los más importantes.

73

Saque a Dios de la caja

*H*ace muchos años, recuerdo haber oído un versículo de la Biblia por primera vez: "Ama al Señor tu Dios con todo tu corazón, con toda tu alma y con toda tu mente" (Mateo 22:37). Enseguida, esa escritura me molestó, porque sabía que Dios no era lo primero en mi vida. Pero Dios usó ese versículo para crear en mí el deseo de buscar una relación más profunda con Él.

Eso lleva un proceso de aprendizaje: no ocurre de la noche a la mañana. Pero gradualmente, con el paso de los años, comencé a comprender que si iba a experimentar algún éxito en mi vida iba a tener que incluir a Dios en cada parte de mi vida.

Creo que muchas mujeres necesitan hoy entender que para que sus vidas sean verdaderamente satisfactorias, deben sacar a Dios de la caja del domingo por la mañana. No debemos limitarlo a sólo una hora o una hora y media de nuestro tiempo de la mañana del domingo. Es verdad que Él quiere estar incluido en las cosas espirituales que hacemos, como leer la Biblia y orar, pero también quiere ser parte de nuestras actividades cotidianas, como lavar los platos, hacer la compra de comestibles, transportar los niños a sus diversas actividades y llevar a arreglar el auto.

Lo esencial es que Dios mantiene juntas todas las cosas. Jesús nos dice en Colosenses 1:17: "Cristo existe antes que todas las cosas, y por él se mantiene todo en orden" (DHH). La realidad de que Él es el Único que mantiene juntas todas las cosas nos muestra cuán importante es Él en relación con todo lo demás que intentamos hacer. Sin Él todo podría fracasar.

Dios está interesado en el importante rol que cumplen las mujeres hoy, y quiere ayudarnos en todo lo que hacemos, desde arreglar nuestro cabello por la mañana hasta regresar a casa entre el tránsito. Él quiere darnos dirección en las cosas aparentemente pequeñas, desde buscar un lugar para estacionar hasta las decisiones mayores como elegir una carrera y encontrar un compañero. Dios quiere que lo dejemos fuera de la caja y hagamos de Él una parte vital de todo lo que emprendamos en nuestras vidas cada día de la semana, pero nosotras debemos elegir hacerlo.

Con el Señor en el asiento del conductor de nuestra vida, todas nuestras otras prioridades se pondrán en su lugar. Sin embargo, recuerde que no hay fórmulas fáciles. No creo que nadie pueda darnos una fórmula específica sobre cuánto tiempo debemos pasar con Dios, con nuestras familias, nuestros trabajos, nuestros ministerios, etcétera.

Creo que la mayoría de nosotras comenzamos siguiendo fórmulas para vivir la vida cristiana simplemente porque parecen facilitarla. Pero después de un tiempo, las fórmulas fracasan en satisfacer nuestras necesidades. Realmente, creo que Dios nos lleva al punto en el que Él ya no quiere darnos más energía para seguir fórmulas simples. Dios quiere que nos relacionemos directamente con Él, no con una lista de fórmulas o reglas.

Yo no tengo una formula que me diga cuántas horas por semana necesito pasar con mi esposo, Dave. En realidad, no tengo una fórmula que diga que necesito sentarme y hablar con él durante cierta cantidad de tiempo cada noche o un determinado día de la semana. No digo que eso esté mal: sólo que no quiero vivir de esa manera. No quiero tener ninguna "caja" en mi relación con mi esposo. Si Dave y yo necesitamos pasar juntos algún tiempo extra, quiero poder pasarlo con él. Pero a veces puede ser que otra persona u otra área de mi vida necesiten atención, y quiero tener la libertad de dedicarme a aquello donde esté la necesidad.

> *Dios quiere que nos relacionemos directamente con Él, no con una lista de fórmulas o reglas.* ∞

Creo que Dios quiere que las mujeres tengamos la libertad de ser guiadas por Él, no por reglas y regulaciones externas. Si estamos siguiendo su guía, Él nos ayudará a mantener las prioridades correctas y nos dará la energía para hacer lo que nos está guiando a hacer. Como resultado, invertiremos nuestro tiempo, dinero y capacidades de la manera debida y en las personas apropiadas.

Recuerde, sólo Dios puede ayudarla a ajustar su estilo de vida, pero primero usted debe sacar a Dios de la caja e incluirlo en cada área de su vida. Cuando le permita pleno acceso a su vida, Él la capacitará para ponerlo a Él primero en sus pensamientos, conversaciones y acciones: Él le mostrará cómo ubicarlo en primer lugar en su tiempo, dinero, relaciones y toma de decisiones.

No se desaliente si las cosas no parecen ir progresando tan rápidamente como usted desea. Aunque pueda parecer que las cosas no están cambiando, lo están. Mi vida es un buen ejemplo de cómo Dios cambia completamente todo cuando quitamos todas las limitaciones y lo incluimos en cada parte de nuestras vidas. La aliento a dejarlo fuera de cualquier caja en la cual lo haya puesto y permitirle ser verdaderamente el Señor de su vida. ¡Cuando pone a Dios primero en todo lo que hace, usted está destinada a ser una mujer exitosa!

74

Protección contra el rechazo

¿Es usted una de las muchas mujeres que hoy están tratando de comprar protección contra el rechazo?

El dolor del rechazo es tan intenso que frecuentemente buscamos construir sistemas para protegernos de él, maneras de aislarnos de ese dolor. Las mujeres construyen muros invisibles alrededor de sí mismas para prevenir que otros puedan dañarlas. Esos muros invisibles están construidos de diversas maneras, pero he aquí algunas de ellas...

Votos internos: Promesas que hacemos para protegernos, tales como: "Nunca nadie me volverá a lastimar", "Nunca más volveré a confiar en alguien", o "Nunca permitiré que alguien vuelva a acercárseme lo suficiente para herirme". Inicialmente tales cosas pueden sonar bien, pero el hecho es que nos colocan en una virtual prisión. Dejamos a los demás fuera de los muros, pero nosotras quedamos dentro de ellos. Perdemos la libertad y el goce de las buenas relaciones por temor a ser heridas.

Fingimiento: Otro sistema de protección que ponemos en marcha es el fingimiento. Cuando la gente nos hiere, pretendemos que no nos importa y que no necesitamos de ella ni de nadie.

He llegado a comprender que no puedo comprar protección contra el rechazo tratando de complacer a todos. ⊙

Autodefensa: Llegamos a ponernos muy a la defensiva, incluso en ocasiones en que no estamos siendo atacadas. Una mujer con una raíz de rechazo en su vida suele sentir que está siendo rechazada cuando en realidad no es así. La imaginación trabaja horas extras en la persona herida.

Comprar protección: Dar regalos o hacer cosas para la gente para ganar su aceptación y aprobación. También podemos "comprar" aceptación o protección contra el rechazo a través de la perfección. En otras palabras, luchamos por ser la mujer perfecta, creyendo que si podemos ser exactamente lo que todos quieren que seamos, nunca nos rechazarán porque seremos perfectas.

La palabra *perfección* significa "no carecer de nada esencial, ser en un estado de la más alta excelencia. Perfecto, exacto, completo, sin tacha, sin defecto y supremamente excelente". Esto suena bueno, pero no es real. La realidad es que somos seres humanos. Mateo 26:41 dice: "El espíritu está dispuesto, pero el cuerpo es débil".

Por mucho que quisiera ser una perfecta esposa, una perfecta amiga o una perfecta ministra, cometía errores. Todas lo hacemos. Nuestros corazones pueden ser perfectos, pero nuestro rendimiento nunca será perfecto mientas vistamos nuestras "vestidura terrenales". Anhelo el momento en que ya nunca tendré un pensamiento equivocado ni diré una palabra errónea. Y, oh, ¡cuanto desearía no tener nunca más una actitud incorrecta! Pero el hecho es que no siempre puedo alcanzar la meta del cien por ciento de conducta perfecta.

Luchar por la perfección para ganar aceptación y aprobación de Dios o de otros es un empeño vano: Dios siempre nos ama tal como somos, incondicionalmente. Continuar luchando por la perfección sólo nos traerá frustración. Puede ser cierto que si pudiéramos manifestar total perfección evitaríamos un poco de rechazo, pero jamás podríamos evitarlo todo, simplemente porque las normas y expectativas de cada uno son diferentes.

He llegado a comprender que no puedo comprar protección del rechazo tratando de complacer a todos. He abandonado mi lucha personal por manifestar perfección ante todos, y sólo trato de ser la mejor "yo" que puedo ser.

¿Y usted? ¿Puede dejar de luchar por ser perfecta sólo para que otros la acepten? No importa lo que usted pueda pensar acerca de cómo la ven los demás, ¡Dios no la rechaza! Recuerde, su amor por usted es eterno e incondicional, y tener una vibrante, creciente relación con Él es la única *garantía* de protección contra el rechazo.

75

¡No confíe en sus veleidosos sentimientos!

¿Tiene usted conciencia de que no siempre es sabio escuchar sus sentimientos? Los sentimientos son emociones que pueden cambiar de día en día, de hora en hora e incluso de momento en momento.

Los sentimientos son veleidosos, pero miles de mujeres cometen el error de vivir de acuerdo a cómo se sienten, frecuentemente con resultados desastrosos.

Durante muchos años yo fui una de esas mujeres: vivía de acuerdo con mis sentimientos, sin darme cuenta de que el diablo estaba jugando con mis emociones. Parecía que mis emociones estaban yendo constantemente de un extremo al otro: subían y bajaban, como una montaña rusa. Yo era prisionera de mis emociones. Así que me recuperaba por un tiempo, sólo para volver a caer en la depresión. (Es probable que usted conozca la rutina.)

Llegué al punto de no querer enfrentar ningún tipo de cambio en mi vida porque sabía que no estaba preparada para manejar los diversos problemas emocionales que ello me traería. Hasta que por fin llegué a comprender que estaba atormentada y controlada por mis emociones. Supe que necesitaba madurez emocional, pero también sabía que necesitaba la ayuda de Dios para conseguirla.

Suele hacerse referencia a Jesús como la Roca Firme. El escritor del

Él es lo bastante poderoso para ayudarme a superar mis inestables sentimientos y emociones y guiarme por su inalterable Palabra y Espíritu. ∞

libro de Hebreos nos dice que "Jesucristo es el mismo ayer y hoy y por los siglos" (Hebreos 13:8). Jesús no se permite a Sí mismo ser movido o guiado por sus emociones. Él fue guiado por el Espíritu, no por sentimientos, aunque estuvo sujeto a los mismos sentimientos que usted y yo experimentamos en nuestra vida diaria. Eso significa que podemos contar con que Él nos ayude en nuestra lucha por la madurez y estabilidad emocionales.

Sofonías 3:17 nos dice que el Señor nuestro Dios que reside dentro de cada uno de nosotros es "poderoso" (RV60). Cuando busqué su ayuda, Él me aseguró que es lo bastante poderoso para ayudarme a superar mis inestables sentimientos y emociones y guiarme por su inalterable Palabra y Espíritu. Y fue exactamente lo que hizo. Mi vida fue cambiada para siempre. De vez en cuando, sigo luchando con mis sentimientos, como nos pasa a todas, pero Dios me ha ayudado a desarrollar suficiente madurez emocional para saber que no debo permitir que mis sentimientos controlen mi vida.

Si usted está luchando porque les ha estado creyendo a sus sentimientos en vez de creerle a Dios, es hora de que crezca y desarrolle alguna madurez emocional. Es difícil, y usted no será capaz de hacerlo por sí misma, pero si quiere ser una mujer madura, disciplinada, controlada por el Espíritu, "Dios (que) no hace diferencia entre una persona y otra" (Hechos 10:34, DHH), la ayudará a caminar en el Espíritu y no en la carne... tal como me ayudó a mí.

Pregúntese periódicamente a sí misma: "¿Estoy sirviendo al Dios de la Biblia o al dios de mis sentimientos?". Es fácil caer en la trampa de creer en nuestros veleidosos sentimientos más que en lo que Dios dice en su Palabra. Y requiere una constante acción de su voluntad elegir hacer las cosas a la manera de Dios más bien que a la suya, pero cuando lo hace, rápidamente descubre que la vida es mucho más placentera cuando usted la vive según el plan de Dios.

76

¡Mire hacia arriba y aprenda de las águilas!

¿Qué prefiere usted, ser un pollo... o un águila?

La pregunta puede sonarle insólita, pero nos da pie para reflexionar acerca de quiénes somos... o queremos ser. Una de las mayores diferencias entre las dos aves es que los pollos nunca se alejan mucho del suelo y las águilas gustan de volar alto. Los pollos parecen contentos con sólo escarbar en el sucio y hediondo corral de las gallinas, buscando algo que puedan comer, pero las águilas planean muy por encima de la tierra en el aire puro y limpio, buscando comida fresca.

Muchísimos hijos de Dios —incluyendo mujeres como usted— se pasan la vida "escarbando en el corral de las gallinas", sin elevarse nunca lejos del suelo, cuando podrían cumplir su destino y planear alto con las águilas. El problema es que a muchas personas no se les han enseñado sus derechos como creyentes en Jesucristo.

Si usted es cristiana, es parte de la familia de Dios, y como tal tiene acceso al poder divino. Pero algunos cristianos llegan a quedar empantanados en los problemas de la vida y no recurren a las fuerzas y el poder de su Padre celestial. Parecen escarbar en el corral para gallinas de sus vidas, olvidando sus derechos como creyentes. Es triste cosa ver personas que pasan necesidades en lugar de experimentar sus derechos legales.

Hemos oído de gente rica que vivió miserablemente porque tenía miedo de perder lo que poseía. Cuando murió, todos se asombraron al descubrir que aunque vivieron acosados por la pobreza, eran extremadamente ricos. Ellos nunca experimentaron sus derechos legales. El miedo se los robó, y la falta de enseñanza apropiada los mantuvo en cautividad. De alguna manera fueron engañados y perdieron los beneficios de lo que era legítimamente suyo

Muchas mujeres que han caído presas del engaño de Satanás están haciendo lo mismo: se están conformando con lo menos cuando Dios quiere darles lo mejor. Aunque incontables multitudes creen en Jesucristo como su Salvador, siguen en todo tipo de esclavitud porque no entienden verdaderamente que Dios, a través de su Hijo, Jesús, proveyó una vida mucho mejor para ellos.

Actúan precisamente como pollos. Escarban en la suciedad de la vida con todos los demás pollos, sin salir nunca de los confines del corral de las gallinas. Pero, gracias a Dios, hay otros que no se satisfacen con vivir allí. Y cuando comienzan a mirar hacia arriba, y comprenden que hay águilas en el cielo, empiezan a pensar que quizás ellos también podrían ser águilas.

El águila es la reina de las aves, la más majestuosa y poderosa criatura alada que hay en la tierra. Las águilas no se intimidan por las alturas ni los fuertes vientos que amedrentan a las otras aves. Por el contrario, ellas sacan ventaja de los vendavales, volando en el viento, extendiendo sus alas de manera que las ráfagas las llevan aún más alto. Las águilas no pierden tiempo peleando con otras aves que para ellas son insectos. Cuando las atacan, simplemente escalan más y más alto hasta que alcanzan una altura donde sus enemigos no pueden sobrevivir.

¡Qué maravillosa analogía de los rasgos de carácter que Dios quiere que sus hijos desarrollen! ¡Podemos aprender tanto del águila! No en vano el profeta Isaías nos recuerda que "pero los que confían en el Señor renovarán sus fuerzas; volarán como las águilas: correrán y no se fatigarán, caminarán y no se cansarán" (Isaías 40:31).

"Los que confían en el Señor renovarán sus fuerzas; volarán como las águilas: correrán y no se fatigarán, caminarán y no se cansarán." (Isaías 40:31). ☙

Si usted está cansada de vivir en el corral de las gallinas, ¡mire a los cielos y pídale a Dios que renueve sus fuerzas y energía para poder *volar alto con las águilas*!

77

Experimente la presencia de Dios

¿Sabía usted que Satanás intentará por todos los medios evitar que usted pase tiempo con Dios? ¡Es cierto! Él sabe que como mujeres, nuestras vidas están llenas de muchas responsabilidades apremiantes que hacen que nuestros días parezcan demasiado cortos, y usa eso para tratar de convencernos de que Dios comprende si no tenemos tiempo para orar. Él sabe que si puede evitar que pasemos tiempo en la presencia de Dios, estaremos impotentes, desprotegidas, descontentas y en un constante estado de confusión y frustración.

Yo caí en sus engaños durante un tiempo, y experimenté la decepción de vivir una vida sin poder ni satisfacción. Al fin, cuando estuve desesperada por experimentar más de la vida, busqué la presencia del Único que es dador de vida. Descubrí que Él anhelaba pasar tiempo conmigo, desarrollando una relación íntima que le daría a mi vida un nuevo significado.

Una de las mayores bendiciones que resultan de pasar tiempo con Dios es un sentido interior de paz, gozo y contentamiento: una satisfacción duradera que no se puede recibir de ninguna otra fuente. Infortunadamente, hay muchas mujeres —incluso mujeres cristianas— que tratan de encontrar satisfacción en una variedad de otros lugares. Buscan y persiguen cosas, dinero, promociones, posiciones y relaciones, tratando de ganar y mantener su *felicidad* sobre la base de lo que está *pasando*. Hice eso durante algunos años cuando recién comenzaba a caminar con el Señor, pero cuando me cansé de una vida sin poder, comencé a clamar a Dios por ayuda.

Fue entonces cuando Dios me comenzó a enseñar que necesitaba ponerlo a Él primero. Me guió a una cantidad de escrituras, incluido el Salmo 91:1,2, que dice: "El que habita al abrigo del Altísimo se acoge a la sombra del Todopoderoso. Yo le digo al Señor: 'Tú eres mi refugio, mi fortaleza, el Dios en quien confío'". En otras palabras, cuando pasamos tiempo con Dios aprendemos a habitar en el lugar secreto de su presencia. Y cuando lo hacemos, experimentamos una inconmovible estabilidad plena de paz, poder y protección.

Créalo o no, pasar tiempo con Dios afecta todo en nuestras vidas: abre la puerta a todas las cosas buenas que anhelamos de la vida. Mateo 6:33 dice: "Más bien, busquen primeramente el reino de Dios y su justicia, y todas estas cosas les serán añadidas". Cuando ponemos a Dios primero pasando tiempo en su presencia, cada área de nuestras vidas es impactada positivamente.

Es importante recordar que hacer cosas *para* Dios no reemplaza el pasar tiempo *con* Él. Usted puede servir en cuatro comités de la iglesia, cantar en el coro y enseñar en la clase de Escuela Dominical, pero ninguna de esas actividades puede tomar el lugar del pasar tiempo con Dios. Cuando yo integraba el personal de la iglesia donde me congregaba, trabajé diligentemente en el ministerio para el Señor. Estaba tan orgullosa de mí misma y de todo lo que estaba haciendo... hasta que el Señor me habló un día: "Tú trabajas *para* mí, pero no pasas tiempo *conmigo*".

Piénselo: Dios quiere pasar tiempo con usted. Él anhela tener una relación íntima con cada una de nosotras. Tenemos una asombrosa oportunidad de pasar tiempo en la auténtica presencia del Dios todopoderoso, pero no debemos tomarlo a la ligera. Si vamos a tener una relación cercana, íntima con el Padre y lograr los beneficios de estar en su presencia, debemos decidirnos a programar habitualmente cierto tiempo para estar a solas con Él.

Es importante recordar que hacer cosas para Dios no reemplaza el pasar tiempo con Él. ❧

He descubierto que para mí el mejor tiempo para pasar con el Señor es a primera hora de la mañana, antes de que otras cosas me distraigan tanto que me tome dos o tres horas relajarme y tranquilizarme lo suficiente para oírlo. Creo que es por esto que el salmista dijo: "Por la mañana, Señor, escuchas mi clamor; por la mañana te presento mis ruegos, y quedo a la espera de tu respuesta" (Salmos 5:3).

No estoy diciendo que su tiempo con Dios deba ser por la mañana, sino que es importante darle a Dios una porción de la mejor parte de nuestro día, no de la peor. Creo que cuando le damos a Dios las "primicias" de nuestro mejor tiempo en vez de nuestros "sobrantes", Él multiplicará nuestro tiempo restante, para que podamos cumplir todo lo que debemos hacer, y podamos hacerlo con alegría.

Leer, estudiar, memorizar y meditar la Escritura nos ayudará a comprender mejor el carácter de Dios y, al mismo tiempo, renovar nuestras mentes con la verdad. Leyendo la Palabra, realmente tenemos camaradería con Dios, porque la Palabra es Dios (vea Juan 1:1).

Orar —un componente importante del tiempo que pasamos con Dios— no consiste sólo en que nosotros le hablemos a Dios, sino también en que Dios nos hable a nosotros. Una vez que hemos pasado tiempo en alabanza y adoración con Él y le hemos compartido las necesidades y deseos de nuestros corazones, debemos permanecer en silencio para poder oír lo que Él nos dice. Frecuentemente nos responderá haciéndonos recordar una escritura. Algunas veces Él responde inundando nuestra alma con paz. Pero cualquiera sea la forma que elija para hablarnos, nos eleva hacia Él. Todas lo que nosotras debemos hacer es darle el *tiempo* y la *oportunidad* para hacerlo.

Dios la cuida y anhela tener una relación más íntima con usted, así que si está sintiendo lo mismo, la aliento a pasar tiempo con Dios cada día. No hay absolutamente ninguna otra fuente que pueda proveerle la sabiduría, dirección, poder, protección, gozo y paz que cada mujer necesita. Si usted anhela una íntima relación con Dios y una vida más poderosa y significativa, eso requerirá una inversión de su tiempo. Pero puedo decirle por experiencia de primera mano que la inversión paga altos beneficios. Dios la ama a usted tiernamente y anhela pasar tiempo en su compañía hoy. ¡No lo deje esperando!

78

Una cura para la inseguridad

$\mathcal{L}$a inseguridad es un problema que afecta a gran parte de la población del mundo actual. Leí un artículo que describe a la inseguridad como un disturbio psicológico de proporciones epidémicas. Creo que miles de esas personas inseguras son mujeres, algunas mamás solas tratando de trabajar y encontrar un adecuado cuidado y seguro de salud para sus hijos, otras devastadas por la violencia doméstica o la pobreza, viudas dejadas solas frente a los innumerables problemas del envejecimiento, y simples esposas y madres que tratan de cumplir todas sus responsabilidades diarias. Con todos esos asuntos que las mujeres son forzadas a lidiar hoy en día, ¿es de sorprenderse que estén inseguras?

Así que ¿cuál es la cura para la inseguridad? La Biblia dice que si su corazón es recto con Dios y usted acude a Él por ayuda, "entonces podrás llevar la frente en alto y mantenerte firme y libre de temor. Ciertamente olvidarás tus pesares, o los recordarás como el agua que pasó. Tu vida será más radiante que el sol de mediodía, y la oscuridad será como el amanecer. Vivirás tranquilo, porque hay esperanza; estarás protegido y dormirás confiado" (Job 11:15-18).

¡Guau! ¡Qué palabras confortadoras! Su seguridad no depende de cuánto dinero tiene usted, de su trabajo, de la manera en que se ve, de cómo los otros le responden, o incluso cómo la tratan. Su seguridad no puede estar basada en su educación, su estado conyugal, la etiqueta de sus ropas, el coche que maneja o en qué clase de casa vive usted. Su seguridad personal no puede estar en nadie más que en Jesucristo y sólo en Él, porque Él es la Roca sobre la cual debemos estar de pie. Todo lo demás es arena movediza, y no la sostendrá.

Hubo una época de mi vida en que yo era muy insegura. No estaba arraigada y creciendo en el amor de Cristo, aunque ya era cristiana. En realidad, estaba insegura hasta cuando enseñaba la Palabra de Dios. Mi seguridad sobre mi predicación estaba basada en cuántos cumplidos recibía al final de mis servicios. Si no recibía suficientes cumplidos, volvía a casa y me martirizaba a mí misma... a veces durante varios días.

Era obvio que yo no estaba arraigada y creciendo en Cristo, aunque predicara y enseñara. Mi seguridad provenía de la retroalimentación que me daba la gente. Consecuentemente, el diablo jugaba conmigo y movía los hilos de mi vida para causarme tormento e inseguridad. Todo lo que tenía que hacer era asegurarse de que no recibiera suficientes cumplidos al final de un servicio. Entonces estaría disgustada, porque estaba dependiendo de los cumplidos de la gente para mi seguridad, en lugar de depender de la aprobación de Dios. No me gustaba ese sentimiento de inseguridad, y cuando aprendí que solamente Dios era mi seguridad, tuve el mayor placer.

Si usted es como yo era —una mujer que siempre estaba buscando algo donde sostenerme— probablemente también esté tan deprimida como yo lo estaba. Pero no tiene por qué estar deprimida e insegura. Cuando usted aprende a estar de pie en la Roca, encuentra que Jesús es inconmovible. Él no se va a ninguna parte. En Hebreos 13:5, Él hace esta promesa: "Dios ha dicho: 'Nunca te dejaré; jamás te abandonaré'".

La palabra griega para *seguro* quiere decir "tener plena autoridad". Y como mujeres cristianas, tenemos un derecho comprado con sangre a tener plena autoridad sobre nuestras vidas. No podemos ser derrotadas cuando confiamos y descansamos en Jesús.

Si usted es una mujer que ha estado atormentada por sentimientos de inseguridad, es hora de que deje de concentrarse en la gente, las cosas y situaciones que la hacen sentirse insegura. Es hora de que se concentre en Jesús, que es la única

> *Cuando usted aprende a estar de pie en la Roca, encuentra que Jesús es inamovible.* ✑

cura duradera para la inseguridad. Él llevó toda su inseguridad sobre sí mismo en el Calvario. Su muerte y resurrección compraron su libertad del dolor y de los patrones de conducta producidos por una vida de inseguridad. Así que acepte esa libertad y encontrará la cura para la inseguridad.

79

Escuche la vocecita suave y tranquila

La Palabra de Dios contiene muchas promesas para los hijos de Dios. Y creo que uno de los mayores privilegios que tenemos como hijas suyas es extender la mano a la esfera donde Dios está y creer que sus promesas se aplican a nuestras vidas privadas personales.

Un alto porcentaje de los pedidos de oración que recibimos en Joyce Meyer Ministries vienen de personas que nos piden orar para saber lo que deberían hacer en situaciones específicas: que sean capaces de escuchar y discernir la voz de Dios. La guía divina es la voluntad de Dios para todos sus hijos, pero antes de que podamos oírlo, debemos *creer* que por herencia tenemos derecho a hacerlo.

Jesús dijo: "¿Cómo que si puedo? Para el que cree, todo es posible" (Marcos 9:23). Lo primero que necesitamos hacer entonces es comenzar *creyendo* que Dios desea hablarnos y que nosotros podemos oír su voz. Isaías 30:21 dice: "Ya sea que te desvíes a la derecha o a la izquierda, tus oídos percibirán a tus espaldas una voz que te dirá: 'Éste es el camino; síguelo'".

Uno de los ministerios del Espíritu Santo es guiarnos o dirigirnos en la voluntad de Dios para la vida de cada uno. "Pero cuando venga el Espíritu de la verdad, él los guiará a toda la verdad, porque no hablará por su propia cuenta sino que dirá sólo lo que oiga y les anunciará las cosas por venir" (Juan 16:13).

> *Como mujeres de Dios, podemos conocer su plan para nosotras creyendo que Él nos hará saber qué hacer en su tiempo perfecto.* ∞

Yo creo que como mujeres de Dios, podemos conocer su plan para nosotras creyendo que Él nos hará saber qué hacer en su tiempo perfecto. Para hacer esto necesitamos discernimiento, no mero conocimiento intelectual. Primera de Corintios 2:14-16 nos dice claramente que el hombre natural no entiende al hombre espiritual. El Señor usó esta escritura para hacerse entender por mí cuando yo estaba buscando discernimiento hace varios años.

Si mi espíritu discerniera algo y mi cabeza comenzara a razonar si eso tiene sentido o no, yo no podría hacer ningún progreso. ¿Por qué? Porque 1 Corintios 2:14 dice que el hombre natural no entiende las cosas espirituales porque las cosas espirituales se deben discernir espiritualmente. *¡Su espíritu conoce cosas que su cabeza no conoce!*

Como Satanás no quiere que usted aprenda cómo operar en el reino espiritual, él trabaja arduamente para producirle decepción respecto a esas cosas. Como resultado, mucha gente siente verdadero temor de creer que puede oír a Dios. Elige quedarse en la oscuridad espiritual antes que correr el riesgo de cometer un error.

Yo me sentí de esa manera hace muchos años, cuando descubrí que Dios quería guiar mi vida y que yo podía oírlo. Sentí fuertemente que Él me estaba dirigiendo a cierta cosa, pero estaba aterrada de que pudiera ser un error. Seguí preguntándole al Señor: "¿Qué pasa si te pierdo?". Después de algunos días, escuché al Espíritu Santo decirle a mi hombre interior: "No te preocupes, Joyce. Si tú me pierdes, Yo te encontraré".

Aprendí de esta experiencia que como mi corazón era recto — porque yo quería genuinamente estar en la voluntad de Dios— podía confiar en que Él me dirigiera. Aunque yo me equivocara, Él lo usaría para enseñarme algo que yo necesitaba aprender. A medida que trabajábamos juntos, yo aprendía a escucharlo.

No creo que nadie sepa inmediatamente cómo ser guiado por el Espíritu. Necesitamos enseñanza y entrenamiento. Necesitamos práctica, y debemos arriesgarnos a cometer algunos errores.

Cometer errores no es el fin del mundo, pero no aprender de nuestros errores es mucho más serio. Aprendemos de las experiencias de la vida tanto como de la Palabra. No debemos tener miedo de equivocarnos. Sea una mujer con espíritu de pionera y voluntad de aprender.

Dios habla con una vocecita suave y tranquila. Así que la aliento a tomar la decisión de desarrollar hábitos que la conduzcan a oírlo. Cree una atmósfera tranquila, apacible, libre de chismorreos y conflictos, y aparte regularmente tiempo para tener compañerismo con Él. Dios no siempre dice lo que usted quiere oír, pero no se desaliente. Dios raramente nos muestra todo su plan al comienzo. Obedezca el paso uno, y Él le dará el paso dos. Y acuérdese siempre de ser agradecida. El Salmo 100:4 dice: "Entren por sus puertas con acción de gracias; vengan a sus atrios con himnos de alabanza; denle gracias, alaben su nombre".

La insto a seguir la paz y obedecer a su conciencia. Cuando lo haga, encontrará que su sensibilidad a la voz de Dios se incrementa. Él quiere *hablarle* a usted y usted *puede* oírlo a Él. Sólo quédese en silencio y escuche.

80

Dese un recreo a sí misma

¿Usted se gusta a sí misma?

Esta pregunta puede no ser tan fácil de responder como podría pensar. Puede que usted sea una mujer que es demasiado dura consigo misma, creyendo que tiene demasiados defectos. Puede que se compare a sí misma con otra persona y sienta que no está a su altura.

Durante gran parte de mi vida, no me gusté a mí misma. No era consciente de ello, pero mi autorrechazo me causaba mucha infelicidad y problemas en mis relaciones. Creo que nunca me hubiera dado cuenta de por qué era tan desdichada, y por qué mis relaciones eran tan problemáticas, si Dios no me hubiera revelado por su Palabra que simplemente *¡yo no me gustaba a mí misma!*

Desde ese día, durante mis años de ministerio he quedado sorprendida al descubrir cuántas mujeres tiene el mismo problema. No se gustan a sí mismas, y esa autoaversión les causa toda clase de otros problemas. Ellas son temerosas… o inseguras… o se consumen por alcanzar la perfección con la esperanza de ser consideradas "valiosas". Son increíblemente tímidas… o detestablemente audaces… o carecen de confianza en la oración. La lista sigue y sigue… y todos esos problemas están enraizados en el autorrechazo.

Deje que Dios comience a sanar lo que usted siente acerca de sí misma. ∞

Estoy sumamente agradecida de que Dios me haya mostrado que ningún monto de esfuerzo humano puede cambiar a un ser humano. *¡Sólo Dios puede cambiar a la gente!*

"Estoy convencido de esto: el que comenzó tan buena obra en ustedes la irá perfeccionando hasta el día de Cristo Jesús" (Filipenses 1:2). ¡Este versículo nos dice que estamos en construcción!

Dios no nos cambia instantáneamente en alguien completamente diferente. Él prefiere cambiarnos poco a poco. Pero durante el proceso, quiere que sepamos que aunque todavía no estemos donde querríamos estar... ¡tampoco estamos donde solíamos estar! Quiere que reconozcamos que estamos haciendo progresos. Así que dese a sí misma un recreo y diga: "¡Yo estoy bien y estoy en camino!". Comience con esta sencilla declaración fundacional, y desde este punto en adelante, deje que Dios comience a sanar cómo se siente acerca de sí misma.

No importa lo que usted haya hecho en el pasado... o qué le hayan hecho a usted, Dios la ama. Usted es la mujer que Él creó, y le ha asignado enorme valor. ¡Usted es una importante parte —una parte integral— de su plan! Pero es vital que usted tenga confianza, seguridad y una sana perspectiva de sí misma dada por Dios.

No gaste su vida volviéndose loca y hablando negativamente *acerca* de sí misma y *a* sí misma porque aún no ha "llegado". Dios no está furioso con usted porque usted no sea perfecta. Es verdad que Dios llama a las mujeres cristianas a elevados estándares y vidas más efectivas, pero hay una diferencia crucial entre sentirse mal acerca de algo que usted ha hecho y sentirse mal acerca de sí misma. Usted puede hacer cosas erróneas —como hacemos todos—, pero eso no significa que usted "sea un error" como hija de Dios.

La animo a tomar la decisión de *aceptarse a sí misma tal como es*, sabiendo que Dios está trabajando en usted continuamente, haciendo cambios saludables y ajustes positivos. Comience a apropiarse la perspectiva de Dios sobre usted misma, y la perspectiva de Dios es que usted está muy bien... ¡y que está en camino al maravilloso cumplimiento del plan que Él tiene para su vida!

81

Camine hacia un nuevo comienzo

¿Se ha sentido pegada a un lugar de su vida? ¿Se ha sentido anclada al pasado, incapaz de dar ningún paso positivo hacia delante? Para moverse hacia delante y empezar de nuevo, usted debe ser una mujer que verdaderamente no tema apretar el paso y caminar hacia un nuevo comienzo.

Antes de que podamos dar esos positivos primeros pasos adelante, es vital que desarrollemos una nueva visión de la forma en que Dios nos ve. Dios no nos negará su amor, aceptación y ayuda porque fallemos de vez en cuando. No está esperando que tengamos un rendimiento perfecto, sino un corazón voluntariamente rendido a Él.

Dios me dio un buen ejemplo de esto hace muchos años. Mi esposo, Dave, y yo necesitábamos ayuda para motivar a nuestro hijo menor, Danny, a mantener limpio su cuarto y hacer algunas tareas de la casa. Creamos un gráfico con un sistema de marcas de chequeo y estrellas. Cada vez que él cumplía algo que se le requería, hacíamos una marca. Después que había ganado cierto número de marcas, le dábamos una estrella. Y después que había ganado un cierto número de estrellas, le comprábamos un regalo. A veces él tenía gran cantidad de marcas y estrellas, y otras veces muy pocas.

> *Cada día, Dios le da la oportunidad de volver a empezar haciendo borrón y cuenta nueva.* ∞

Durante ese periodo, había en nuestro vecindario un matón que siempre pateaba la pelota de Danny lejos de él. Cada vez que este matón agraviaba a Danny, él corría al garaje gritando: "¡Papá!", Dave casi arrancaba las puertas de sus bisagras para correr a protegerlo.

Un día, después de uno de esos incidentes, yo estaba recordando mi relación con Dios. Me pregunté qué clase de padres seríamos si, cada vez que Danny venía pidiendo ayuda a los gritos por causa de ese matón, nosotros fuéramos a su cuarto a ver cuántas marcas y estrellas tenía antes de rescatarlo. Habríamos sido unos padres lamentables si sólo lo hubiéramos protegido cuando él había hecho todo bien.

Este ejemplo me abrió realmente los ojos: me dio una perspectiva completamente nueva de cómo nos ve Dios. Un sistema de marcas y estrellas puede funcionar con nuestros hijos, pero Dios no hace eso con nosotros. Él no nos pone una marca de chequeo por cada capítulo de la Biblia que leemos o por cada vez que oramos o vamos a la iglesia. Cuando afrontamos los retos de las circunstancias de la vida y corremos a Dios buscando ayuda, él no mira primero para ver si "hicimos los deberes". Cuando clamamos a Él, Él corre a ayudarnos simplemente porque somos sus hijos.

Pero Dios no cierra los ojos a nuestro pecado. Si hacemos algún error o nos salimos de línea, hay consecuencias y Él nos corregirá. Sin embargo, nunca rehusará ayudarnos porque no tengamos suficientes "puntos".

Dios tiene un plan —un nuevo comienzo— para cada una de nosotras. Para que veamos esta promesa convertida en realidad, debemos elegir dejar de mirar al pasado y mirar hacia delante a lo que Dios quiere hacer en nuestras vidas. Él quiere que dejemos de mirar dónde estamos, dónde hemos estado y lo que hemos hecho. Quiere que miremos desde donde estamos hacia donde estamos yendo.

No importa cuán hondo sea el hoyo donde usted esté, el brazo de Dios no es demasiado corto para alcanzarla y sacarla fuera. Si usted cometió errores, arréglelo con Dios y siga adelante. Cada día, Dios le da la oportunidad de volver a empezar haciendo borrón y cuenta nueva.

Comience a verse a sí misma como Dios la ve: como una de sus hijas amadas. Aparte su mente del pasado. Abra sus ojos a lo que Dios quiere hacer en usted hoy. En Él, no hay callejones sin salida: ¡Sólo lugares donde empezar de nuevo!

ACERCA DE LA AUTORA

Joyce Meyer viene enseñando la Palabra de Dios desde 1976 y está en el ministerio a tiempo completo desde 1980. Es la autora de éxitos de ventas de más de setenta libros inspiracionales, incluyendo *Adicción a la aprobación, Cómo oír a Dios* y *La batalla de la mente*.

También ha publicado miles de audioenseñanzas así como una completa colección de vídeo. Los programas de radio y televisión "Disfrutando la vida diaria" se emiten alrededor del mundo, y ella viaja extensamente conduciendo conferencias. Joyce y su esposo, Dave, son padres de cuatro hijos adultos y tienen su hogar en San Luis, Misurí.